I0257208

COLLECTION DES DIX

LA FILLE ÉLISA

PAR

EDMOND DE GONCOURT

COMPOSITIONS DE GEORGES JEANNIOT

ÉMILE TESTARD, ÉDITEUR

PARIS

COLLECTION DES DIX

LA FILLE ÉLISA

TIRAGE LIMITÉ

à 300 exemplaires numérotés à la presse, savoir:

Nos 1 à 12. — 12 exemplaires sur papier des Manufactures impériales du Japon, avec une quadruple suite des eaux-fortes.

13 à 50. — 38 exemplaires sur papier de Chine, avec une quadruple suite des eaux-fortes.

51 à 90. — 40 exemplaires sur papier vélin à la cuve, avec une triple suite des eaux-fortes.

91 à 140. — 50 exemplaires sur papier vélin à la cuve, avec une double suite des eaux-fortes.

141 à 300. — 160 exemplaires sur papier vélin à la cuve, avec une seule suite des eaux-fortes.

Ex. pour le Dépôt

ÉMILE TESTARD, ÉDITEUR.
Imp. A. Salmon.

EDMOND DE GONCOURT

LA
FILLE ÉLISA

COMPOSITIONS ET EAUX-FORTES ORIGINALES

DE

GEORGES JEANNIOT

PARIS
LIBRAIRIE DE L'ÉDITION NATIONALE
ÉMILE TESTARD, ÉDITEUR
18, RUE DE CONDÉ, 18
1895

PRÉFACE

Mon frère et moi, y il a treize ans, nous écrivions en tête de Germinie Lacerteux : « Aujourd'hui que le roman s'élargit et grandit, qu'il commence à être la grande forme sérieuse, passionnée, vivante de l'étude littéraire et de l'enquête sociale, qu'il devient par l'analyse et la recherche psychologique l'Histoire morale contemporaine, aujourd'hui que le roman s'est imposé les études et les devoirs de la science, il peut en revendiquer les libertés et les franchises. »

En 1877, ces libertés et ces franchises, je viens seul, et une dernière fois peut-être, les réclamer hautement et bravement pour ce nouveau livre, écrit dans le même sentiment de curiosité intellectuelle et de commisération pour les misères humaines.

Ce livre, j'ai la conscience de l'avoir fait austère et chaste, sans que jamais la page, échappée à la nature délicate et brûlante de mon sujet, apporte autre chose à l'esprit de mon lecteur qu'une méditation triste. Mais il m'a été impossible parfois de ne pas parler comme un médecin, comme un savant, comme un historien. Il serait vraiment injurieux pour nous, la jeune et sérieuse école du roman moderne, de nous défendre de penser, d'analyser, de décrire tout ce qu'il est permis aux autres de mettre dans un volume qui porte sur sa couverture : *Étude* ou tout autre intitulé grave. On ne peut, à l'heure qu'il est, vraiment plus condamner le genre à être l'amusement des jeunes demoiselles en chemin de fer. Nous avons acquis depuis le commencement du siècle, il me semble, le droit d'écrire pour des hommes faits, sinon s'imposerait à nous la douloureuse nécessité de recourir aux presses étrangères, et d'avoir comme sous Louis XIV et sous Louis XV, en plein régime républicain de la France, nos éditeurs de Hollande.

Les romans à l'heure présente sont remplis des faits et gestes de la prostitution *clandestine*, graciés et pardonnés dans une prose galante et parfois polissonne. Il n'est question, dans les volumes florissant aux étalages, que des amours vénales de dames aux camélias, de lorettes, de filles d'amour en contravention et en rupture de ban avec la police des mœurs, et il y aurait un danger à dessiner une sévère monographie de la prostituée *non clandestine*, et l'immoralité de l'auteur, remarquez-le, grandirait en raison de l'abaissement du tarif du vice? Non, je ne puis le croire!

Mais la prostitution et la prostituée, ce n'est qu'un épisode; la prison et la prisonnière : voilà l'intérêt de mon livre.

Ici, je ne me cache pas d'avoir, au moyen du plaidoyer permis du roman, tenté de toucher, de remuer, de donner à réfléchir. Oui! cette pénalité du *silence continu,* ce perfectionnement pénitentiaire, auquel l'Europe n'a pas osé cependant emprunter ses coups de fouet sur les épaules nues de la femme, cette torture sèche, ce châtiment hypocrite allant au delà de la peine édictée par les magistrats et tuant pour toujours la raison de la femme, condamnée à un nombre limité d'années de prison, ce régime américain et non français, ce système Auburn, j'ai travaillé à le combattre avec un peu de l'encre indignée qui, au dix-huitième siècle, a fait rayer la torture de notre ancien droit criminel. Et mon ambition, je l'avoue, serait que mon livre donnât la curiosité de lire les travaux sur la *folie pénitentiaire* (1), amenât à rechercher le chiffre des *imbéciles* qui existent aujourd'hui dans les prisons de Clermont, de Montpellier, de Cadillac, de Doullens, de Rennes, d'Auberive, fît, en dernier ressort, examiner et juger la

---

(1) Rapports des docteurs Lélut et Baillarger, dans la *Revue pénitentiaire*, t. II, 1845. — Exemples de folie pénitentiaire aux États-Unis, cités par le *Dictionnaire de la politique*, de Maurice Block.

belle illusion de l'amendement moral par le silence, que mon livre enfin eût l'art de parler au cœur et à l'émotion de nos législateurs.

Décembre 1876.

LA FILLE ÉLISA

La femme allait-elle être condamnée à mort?
Par le jour tombant, par le crépuscule jaune de la fin d'une journée de décembre, par les ténèbres redoutables de la salle des Assises entrant dans la nuit, pendant que sonnait une heure oubliée à une horloge qu'on ne voyait plus, du milieu des juges aux visages effacés dans des robes rouges, venait de sortir de la

bouche édentée du président, comme d'un trou noir, l'impartial Résumé.

La Cour retirée, le jury en sa chambre de délibération, le public avait fait irruption dans le prétoire. Entre deux dos de municipaux coupés de buffleteries, il se poussait autour de la table des pièces à conviction, tripotant le pantalon garance, dénouant la chemise ensanglantée, s'essayant à faire rentrer le couteau dans le trou du linge raidi.

Le monde de l'audience était confondu. Des robes de femmes se détachaient lumineusement claires sur des groupes sombres de stagiaires. Au fond, la silhouette rouge de l'avocat général se promenait, bras dessus, bras dessous, avec la silhouette noire de l'avocat de l'accusée. Un sergent de ville se trouvait assis sur le siège du greffier.

Mais cette confusion, cette mêlée, ce désordre, ne faisaient pas de bruit, n'avaient, pour ainsi dire, pas de paroles, et un silence étrange et un peu effrayant planait sur le remuement muet de l'entr'acte.

Tous songeaient en eux-mêmes : les femmes avec leurs paupières abaissées et leur regard voilé, les *titis* de la galerie avec l'immobilité de leurs mains gesticulantes, paralysées sur le rebord de bois. Dans un coin, un garde municipal, son shako posé au-dessus d'une barrière devant lui, frottait contre la dure visière un front bourgeonné et méditatif. Entre causeurs à voix basse des phrases commencées se taisaient tout à coup... Chacun, en sa pensée trouble, sondait le drame obscur de ce soldat de ligne tué par cette femme, et chacun se répétait :

La femme allait-elle être condamnée à mort?

. . . .

Le silence devenait plus profond en l'obscurité plus intense, et dans les poitrines s'amassait, mélangée de curiosité cruelle, la grande émotion électrique, qu'apporte dans une assemblée de vivants la peine de mort, suspendue sur la tête d'un semblable.

Les heures s'écoulaient, et angoisseuse devenait l'attente.

De temps en temps, des claquements de fermeture dans les murs intérieurs du Palais de Justice remuaient toutes les immobilités, faisaient tourner les yeux de tout le monde du côté de la petite porte, par où devait rentrer l'accusée, et les regards s'arrêtaient un moment sur son chapeau, qui pendait attaché, avec une épingle, au bout de rubans flasques.

Puis tous ces hommes et toutes ces femmes redevenaient immobiles.

Peu à peu, dans les imaginations, avec la durée de la discussion et le retardement de mauvais augure de l'arrêt, se dressaient le bois rouge de la guillotine, le bourreau, la mise en scène épouvantable d'une exécution capitale, et, parmi le panier de son, une tête sanglante : la tête de la vivante qui était là, — séparée par une cloison.

La délibération du jury était longue, longue, bien longue.

La salle n'avait plus que l'éclairage de l'azur blême d'une nuit glacée passant à travers les carreaux.

Dans la clarté crépusculaire, avec les clopinements d'un vieux diable, un garçon de la Cour, bancal, empaquetait, sous l'étiquette du parquet, les linges maculés de taches brunâtres.

Du mystère se dégageait des choses. La salle,

les tribunes, les boiseries qui venaient d'être refaites et n'avaient point encore entendu de condamnation à mort, toutes pleines du travail suspect et des bruits douteux du bois neuf dans les ombres du soir, semblaient s'émouvoir d'une vie nocturne, paraissaient s'inquiéter si elles n'étrenneraient pas d'une tête.

Tout à coup le tintement d'une sonnette retentissante. Et aussitôt debout, devant la petite porte d'introduction de l'accusée, qu'il tient fermée derrière lui, un capitaine de gendarmerie. Aussitôt sur leurs sièges les juges. Aussitôt les jurés, descendant le petit escalier qui les mène de leur lieu de délibération dans la salle.

Des lampes à abat-jour ont été apportées, elles mettent un peu de rougeoiement sur la table du tribunal, sur les papiers, sur le Code.

Dans la foule, un recueillement religieux retient tous les souffles.

Les jurés sont à leurs places. Ils sont graves, sévères, pensifs, et comme enveloppés, par-dessus leurs redingotes, de la majesté solennelle de grands justiciers.

Alors le président du jury, un vieillard à

la barbe blanche, se lève sur le premier banc, déplie un papier, et, la voix subitement enrouée par ce qu'elle va lire, laisse douloureusement tomber :

« Sur mon honneur et ma conscience, devant Dieu et devant les hommes, la réponse du jury est : Oui, sur toutes les questions à la majorité. »

La mort! la mort! la mort! cela, dit tout bas, court les lèvres; et, gagnant de proche en proche, le murmure d'effroi, pareil à un écho qui se prolonge indéfiniment, redit longtemps encore aux extrémités de la salle : la mort! la mort! la mort!

En le saisissement de ce mortel « Oui, sans circonstances atténuantes », de ce « Oui » redouté, mais non attendu — du froid passe dans tous les dos, et le frisson des spectateurs remonte jusqu'aux impassibles exécuteurs de la loi.

. . . .

Un moment — dans le déroulement de la tragédie, — l'émoi humain impose un court temps d'arrêt, pendant lequel, à la lueur des lustres qui s'allument, on aperçoit des gestes irréfléchis, errants, des mains boutonnant, sans y prendre garde, un habit sur les battements d'un cœur.

. . . .

Enfin l'ordre est donné d'introduire l'accusée. Des gens, pour mieux voir la souffrance et la décomposition de son visage, à la lecture de l'arrêt, sont montés sur les banquettes.

La fille Élisa, d'un bond, apparaît sur la petite porte avec un regard interrogateur fouillant les yeux du public, lui demandant de suite son destin.

Les yeux se baissent, se détournent, se refusant à lui rien dire. Beaucoup de ceux qui sont montés sur les banquettes redescendent.

L'accusée s'assied, s'agitant dans un dandinement perpétuel sur le grand banc, le visage dissimulé, les mains croisées derrière le dos, comme si déjà elle les avait liées, et que la femme fût bouclée.

Le greffier lit le verdict du jury à l'accusée.

Le président de la Cour donne la parole à l'avocat général qui requiert l'application de la loi.

Le président, d'une voix, où il ne reste plus rien du timbre mordant et ironique d'un vieux juge, demande à la condamnée ce qu'elle peut avoir à dire sur la peine.

La condamnée s'est rassise. Dans sa bouche desséchée, sa langue cherche de la salive qui n'y est plus, pendant qu'un larmoiement intérieur lui fait la narine humide. Elle est toujours remuante, avec toujours les mains derrière le dos, et sans avoir l'air de bien comprendre.

Alors la Cour se lève, les têtes des juges se rapprochent, des paroles basses sont échangées, durant quelques secondes, sous des acquiescements de fronts pâles. Puis le président ouvre le Code qu'il a devant lui, lit sourdement :

« Tout condamné à mort aura la tête tranchée. »

Au mot de « tête tranchée » la condamnée, se jetant en avant dans un élancement suprême, et la bouche tumultueuse de paroles qui s'étranglent, se met à pétrir entre des doigts nerveux son chapeau qui devient une loque... tout à coup le porte à sa figure... se mouche dans la chose informe... et, sans dire un mot, retombe sur le banc, prenant son cou à deux mains, qui le serrent machinalement, ainsi que des mains qui retiendraient sur des épaules une tête vacillante.

LIVRE PREMIER

I

La femme, la prostituée condamnée à mort, était la fille d'une sage-femme de la Chapelle. Son enfance avait grandi dans l'exhibition intime et les entrailles secrètes du métier. Pendant de longues maladies, couchée dans un cabinet noir attenant à la chambre aux *speculum*, — le cabinet de visite de sa mère, — elle entendit les confessions de l'endroit. Tout ce qui se murmure dans des larmes, tout ce qui parle haut dans un aveu cynique, arriva à ses jeunes oreilles. La révélation des mystères et des hontes du commerce de l'homme et de la femme de Paris vint la trouver dans sa couchette, presque dans son berceau. La croyance naïve de la petite fille, au nouveau-né trouvé sous le buisson de roses de l'enseigne maternelle, fut emportée par des paroles cochonnes, instruisant son ignorance avec d'érotiques détails des matérialités de la procréation. Du milieu de la nuit de son cabinet, l'enfant alitée, l'enfant à la pensée inoccupée, rêvassante, assista aux aventures du déshonneur, aux drames des liaisons cachées, aux histoires des passions hors nature, aux consultations pour les maladies vénériennes, à la divulgation quotidienne de toutes les impuretés salissantes, de tous les secrets dégoûtants de l'Amour coupable et de la Prostitution.

II

Une abominable vie que la vie de la petite
Élisa chez sa mère. L'effort de « tirer des
enfants », la montée quotidienne de cinquante
étages, les sorties de jour et de nuit par tous
les temps que Dieu fait, les veilles, la privation
de sommeil, les gardes dans les logis sans
feu, la peine et l'éreintement d'une existence
surmenée, exaspéraient l'humeur de la sage-
femme, la tenaient en l'irritation grondante
des gens qui *triment* dans un métier d'enfer.
Puis la copieuse nourriture et les verrées de
vin, à l'aide desquelles la créature du peuple
cherchait la réparation de ses forces pour l'ac-
couchement en expectative, faisaient cette irritation prompte aux gifles. Parfois, il y avait
bien, dans une tape, l'attendrissement colère
du cœur de cette femme, revenant à la fois

apitoyée et enragée, d'un de ces spectacles de misère, comme seules les grandes capitales en recèlent dans leurs profondeurs cachées.

— Oui! s'exclamait la sage-femme en rentrant comme un ouragan, oui, mes enfants! de la volige disjointe : c'est les murs, et de la terre battue : voilà le plancher... là-dessus, pour le mari et la femme, un tas de sciure de bois, avec autour, — comme qui dirait le fond d'une bière, — quatre planches pour la pudeur et que les enfants ne voient pas... Sept enfants, s'il vous plaît, sur deux méchantes paillasses; trois à la tête, trois aux pieds; ceux-là, les mignons, ne pouvant allonger leurs petites jambes par rapport au panier du dernier-né... Et rien de rien là dedans... Un peigne, une bouteille, un trognon de pain, sur une table bancroche, après laquelle, — j'en ai encore les sangs tournés, — grimpait, à tout moment, un rat gros comme un chat qui emportait son chicot de pain. C'est dans les baraquements du clos Saint-Lazare, là, vous savez, où il y a eu tant de vieilles maisons démolies... Puis ne voilà-t-il pas qu'un sacré polisson de salopiat de singe,... oui, le gagne-pain du petit Savoyard de la chambre d'à côté... ne le voilà-t-il pas avec des plaintes, des gémissements, et toutes les satanées inventions de ces farceurs d'animaux, qui se met à imiter le travail de ma femme en douleur... et qu'à la fin des fins, il vous pisse par une fente sur les mignons... Une layette que vous dites, une layette, je vous en souhaite, c'est mon mouchoir de poche qui a été la layette... et quand le nouveau-né, il m'a fallu le laver, une poignée de paille arrachée dans le creux d'une paillasse, c'est avec ça que j'ai fait tiédir l'eau.

Le plus souvent la cause des emportements de la mère d'Élisa était autre. Les accouchements du bureau de bienfaisance à huit francs, les accouchements de la maison à cinquante francs, y compris les neuf jours de traitement, ne couvraient pas toujours les dépenses de l'entreprise. Dans l'année, presque tous les mois, revenaient des semaines, où des billets, plusieurs fois renouvelés, se trouvaient chez l'huissier, où le crédit s'arrêtait chez le boucher, la fruitière, le charbonnier. Ces semaines-là, le portier avait l'occasion de voir redescendre,

toute pâle et se tenant à la rampe, la jeune
fille montée, quelques heures avant, chez la
sage-femme. De ce quantième du mois commençaient, pour la misérable femme, les jours
inquiets, les jours anxieux, les jours tremblants
du Crime, les jours où, dans le regard qui s'arrêtait sur elle, elle percevait un soupçon ; où
dans la parole, qui, sur son passage, s'occupait
d'elle, elle flairait une dénonciation ; où la lettre
qu'on lui remettait lui faisait trembler les
mains, comme à la réception de la lettre de
mort de l'avortée ; des jours enfin, où chaque
coup de sonnette lui semblait le coup de sonnette « du chien du commissaire ». Ce souvenir obsédant, elle voulait qu'il cessât, au
moins pendant quelques heures, d'être toujours là présent et menaçant dans sa mémoire,
et elle buvait, et ses noires ivresses finissaient
toujours par des violences.

Mais ces coups encore, Élisa les préférait
aux nuits passées avec sa mère ! Alors que la
pauvre maison avait toutes ses chambres prises
par les pensionnaires, la sage-femme, chassée
de son lit, partageait celui de son enfant. Des
cauchemars, des sursauts d'effroi, des cris de

terreur, le dramatique et haletant somnambulisme du Remords dans une nature apoplectique, tenaient, jusqu'à l'aube, la fillette éveillée avec le frissonnant récit, par cette bouche qui dormait, de détails d'agonie inoubliables et de suprêmes paroles de jeunes mourantes. Des nuits, au bout desquelles, à moitié étouffée par l'étreinte de ce gros corps cramponné à son petit corps, comme si l'invisible main de la Justice tirait la sage-femme à bas du lit, — Élisa se levait, gardant au fond d'elle une secrète épouvante de sa mère.

III

Dans l'espace de moins de six années, de sept à treize ans, Élisa avait eu deux fois la fièvre typhoïde. Un miracle qu'elle fût encore en vie! Longtemps dans le quartier, sur sa petite tête penchée, descendit l'apitoiement, qui plane au-dessus des jeunes filles destinées à ne pas faire de vieux os. Elle se rétablissait cependant tout à fait. Mais de cette insidieuse et traîtresse maladie, que les médecins ne semblent pas chasser tout entière d'un corps guéri, et qui, après la convalescence, emporte à celui-ci les dents, à celui-là les cheveux, laisse dans le cerveau de ce dernier l'hébétement, Élisa garda quelque chose. Ses facultés n'éprouvèrent pas une diminution; seulement tous les mouvements passionnés de son âme prirent une opiniâtreté violente, une irraison emportée, un

affolement, qui faisaient dire à la mère de sa
fille, qu'elle était une *bernoque*. « Bernoque »
était le nom dont la sage-femme baptisait les
lubies fantasques, étonnant le droit bon sens
de sa parfaite santé, les colères blanches dont
l'enragement lui faisait parfois peur. Toute
enfant, les mains qui la fouettaient, Élisa les
mordait avec des dents qu'on avait autant de
peine à desserrer que les dents d'un jeune
boule-dogue entrées dans de la chair. Plus tard,
la violence que se faisait la grande fille, pour
ne pas rendre coup pour coup à sa mère, la
mettait dans un tel état de furie intérieure,
qu'elle battait les murs comme si elle voulait
s'y fracasser le crâne. Mais ces colères n'étaient
rien auprès des entêtements, des concentrations
silencieuses, des obstinations ironiques, dont
sa mère ne pouvait jamais tirer une parole
ayant l'apparence de la soumission. Sa fille, la
sage-femme, la sachant une coureuse de barrières, une effrénée de danse, une *baladeuse*,
donnant rendez-vous à tous les jeunes garçons
de la rue, qui passaient, à tour de rôle, les uns
après les autres, pour ses amants, — la sage-
femme lui répétait qu'elle ne s'avisât pas de

faire un enfant. « Savoir! » lui répondait la jeune fille, avec un air de défi, à donner à la mère envie de la tuer.

Un caractère intraitable, un être désordonné dont on ne pouvait rien obtenir, sur lequel rien n'avait prise. En même temps une nature capricieuse et mutable, où la répulsion d'Élisa pour sa mère se transformait, certains jours, en une affection amoureuse, en un culte adorateur de sa beauté restée grande encore, en une tendresse filiale, se témoignant avec ces caresses de petites filles qui se promènent sur le décolletage de leur mère parée pour un bal. Aussi, brusquement, se changeaient en antipathies les préférences de ce cœur, ainsi que le témoignaient les paroles échappant à l'habituée de bals publics, montrant ses entrevues avec ses danseurs comme des rencontres le plus souvent taquines et batailleuses, des amours pleines de disputes et de coups de griffes. Les hauts et les bas des humeurs d'Élisa semblaient se retrouver dans le jeu des forces de son corps, et les fluctuations de son activité. Un jour c'étaient une rage de travail, un lavage à grandes eaux, un balayage fougueux de tout l'appartement, retentissant de coups de balai ; puis les jours d'après, les semaines suivantes, un engourdissement, une torpeur, un cassement de bras et de jambes, une paresse qu'aucune puissance humaine n'avait le pouvoir de secouer.

Entre la sage-femme et Élisa, parmi les nombreux sujets de conversation propres à les mettre aux mains, un sujet plus particulièrement amenait des scènes quotidiennes, dans lesquelles la rébellion muettement gouailleuse de la fille, trouvait, au dire de la mère, le moyen de faire sortir « un saint de ses gonds ». Malgré les duretés, les alarmes continuelles du métier, la sage-femme avait l'orgueil de sa profession. Elle se sentait fière du rôle qu'elle jouait à la mairie dans les déclarations de naissance. Elle se gonflait de cette place d'honneur, donnée à ses pareilles par les gens du peuple, dans les repas de baptême. Elle goûtait encore la popularité de la rue, où les marchandes qu'elle avait délivrées, où les filles de ces marchandes qu'elle avait mises au monde et accouchées, où les enfants, les mères, les grand'mères : trois générations sur le pas des portes, lui criaient bonjour, avec un « maman

Alexandre » familièrement respectueux. Son rêve était de voir sa fille lui succéder, la remplacer, la perpétuer. La fille, quand elle se donnait la peine de répondre, disait qu'elle n'avait pas la *caboche* faite pour y faire entrer des livres embêtants. Elle ne trouvait pas non plus *rigolo* de voir, à tout moment, comme ça, des oreillers retournés par les doigts crispés de l'Éclampsie.

Élisa montrait enfin la résolution arrêtée de se faire assommer, plutôt que de prendre l'état de sa mère.

IV

Ainsi, pour la petite fille, l'initiation presque dès le berceau, à tout ce que les enfants ignorent de l'amour. Plus tard, quand Élisa fut mise trois ans chez les dames de Saint-Ouen, la fillette, rentrant le matin de ses congés, était souvent, les jours d'hiver, obligée de démêler, sur le pied du lit de sa mère, son petit manteau du pantalon d'un chantre de la chapelle de la Maternité, une vieille liaison à laquelle l'ancienne élève sage-femme était restée fidèle. Plus tard encore, la jeune fille avait sous les yeux, jour et nuit, l'exemple que lui montrait sa vie de bonne et de garde-malade près de toutes ces filles-mères.

V

Chaque printemps, « pour se porter bien et être belle toute l'année », une femme venait se faire saigner chez madame Alexandre. Était-ce une vieille tradition médicale conservée par des bonnes femmes de la campagne, mêlée d'un rien de superstition religieuse? la femme arrivait toujours présenter son bras à la lancette, le 14 février, jour de la Saint-Valentin. Cette femme était une fille d'une maison de prostitution de la province, qui dans le temps, lors d'une courte domesticité dans la capitale, avait accouché en cachette chez la sage-femme. Toutes les fois qu'elle venait à Paris, la *Lorraine* restait huit jours pour les commissions et les affaires de la maison, huit jours, où elle logeait chez madame Alexandre, comme elle aurait logé à l'hôtel. La trop bien portante provinciale, qui était sur pied le lendemain de sa saignée, qui s'ennuyait de ne rien faire, devenait, tout le long des journées qu'elle n'était pas dehors, l'aide d'Élisa, se chargeant de la bonne moitié de sa tâche, ne craignant pas de mettre la main à tout. Quelquefois, le soir, elle emmenait Élisa au spectacle. Elle riait toujours, la Lorraine, et ses paroles, avec l'accent doucement traînant de son pays, prenaient la confiance des gens comme avec de la glu. Elle ne partait jamais sans faire un petit cadeau à Élisa, qui l'avait prise en amitié et, tous les ans, voyait arriver avec une certaine satisfaction le jour de la Saint-Valentin.

Le soir de la saignée de la Lorraine, au sortir d'une scène abominable avec sa mère, Élisa, en bordant le lit de la femme, laissait jaillir, en phrases courtes et saccadées, la détermination secrète et irrévocable de sa pensée depuis plus de six mois.

« Elle avait plein le dos de l'existence avec sa mère... l'ouvrage du bazar était trop *abîmant*... elle ne voulait pas devenir une *tire-enfants*... voici bien des semaines qu'elle l'attendait... c'était fini, elle avait pris son parti de *donner dans le travers*... elle allait partir avec elle... Si elle ne l'emmenait pas... elle entrerait dans une maison de Paris, la première venue... s'entendre avec sa mère, c'était vouloir *débarbouiller un mort*... Elle se sentait par moments la tête *évaporée*... elle connaissait bien un garçon qui avait un sentiment pour elle... mais ses amies qui s'étaient emménagées avec des amants, elle les trouvait par trop esclaves... elle aimait mieux être comme la Lorraine... elle aurait du plaisir à se voir à la campagne... et au moins, là, elle pourrait dormir tout plein. »

— Da! fit la Lorraine un peu étonnée, mais au fond très enchantée de la proposition — elle n'avait pas l'habitude de faire de telles recrues — et après s'être assurée qu'Élisa avait plus de seize ans, lui avouait qu'elle ne demanderait pas mieux, mais qu'elle craignait que sa mère fît quelque esclandre chez le commissaire.

— Ayez pas de crainte; maman! elle ne mettra jamais la police dans ses affaires, et pour cause... Elle me croira chez un de mes danseurs de la Boule-Noire. Ce sera tout...

Puis Élisa assurait à la Lorraine, craignant

au fond de perdre sa *saigneuse*, qu'il y avait moyen d'arranger la chose, de manière que sa mère n'eût pas le moindre soupçon sur son compte. Élisa décamperait quelques jours avant sa sortie. La Lorraine se ferait reconduire par la sage-femme au chemin de fer de Mulhouse — et retrouverait sa compagne de voyage seulement à la première station.

Les deux femmes convenaient du jour de leur départ, et la fille disparaissait de la maison maternelle, le lendemain de cette soirée.

VI

A la descente du chemin de fer, Élisa montait avec sa compagne dans un omnibus, qui la promenait le long des maisons noires, par des rues interminables. Enfin l'omnibus, déchargé de ses voyageurs, prenait une ruelle tournante, dont la courbe, semblable à celle d'un ancien chemin de ronde, contournait le parapet couvert de neige d'un petit canal gelé.

La voiture avançait péniblement au milieu d'une tourmente d'hiver, à travers laquelle, — une seconde — vaguement, Élisa aperçut, flagellé par les rafales de givre, un grand Christ en bois, aux plaies saignantes, que l'on entendait geindre sous la froide tempête.

Quelques instants après, au loin, dans un espace vague, au-dessus de l'unique maison bâtie en cet endroit, Élisa voyait une lumière rouge. En approchant, elle reconnaissait que

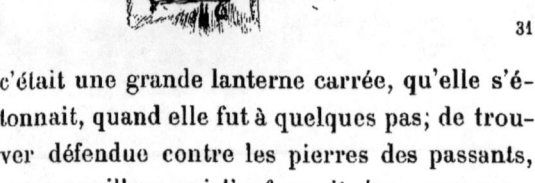

c'était une grande lanterne carrée, qu'elle s'étonnait, quand elle fut à quelques pas, de trouver défendue contre les pierres des passants, par un grillage qui l'enfermait dans une cage.

Élisa était devant la maison à la lanterne rouge, qui s'affaissait ainsi que la ruine croulante d'un vieux bastion, et dont la porte, fermée et verrouillée, laissait filtrer, par l'ouverture d'un judas, une lueur pâle sur la blancheur glacée du chemin.

Le conducteur s'arrêtait, et, sans descendre, tendait leurs malles aux deux femmes. Cela fait, ricanant et goguenardant, le grand Lolo, dit le *Tombeur des belles*, fouailla, du haut de son siège, les deux voyageuses d'un petit coup de fouet d'amitié.

VII

Au petit jour, le surlendemain de son arrivée, Élisa était éveillée par le bruit d'un cheval sous sa fenêtre.

Elle se levait en chemise, et un peu peureusement, allait regarder, par l'entre-bâillement d'un rideau, ce qui se passait dans la cour.

Dans le brouillard blanc du matin, un gros jeune homme, la blouse bleue sur des vêtements bourgeois, dételait le cheval d'un tape-cul de campagne, en causant avec la maîtresse de maison, ainsi qu'avec une vieille connaissance.

— Le carcan m'a rudement mené, disait-il, en promenant une main, comme une éclanche de mouton, sur la croupe de la bête; voyez, la mère, il fume comme le cuveau de votre lessive...

Et comme la vieille femme s'apprêtait à prendre le cheval par la bride :

— Merci, pas besoin de vous, on connaît le chemin de l'écurie... Et il y a du nouveau à la maison, hein? la grosse mère !

. . . .
. . . .
. . . .

Élisa s'était donnée au premier venu. Élisa s'était faite prostituée, simplement, naturellement, presque sans un soulèvement de la conscience. Sa jeunesse avait eu une telle habitude de voir, dans la prostitution, l'état le plus ordinaire de son sexe. Sa mère faisait si peu de différence entre les femmes *en carte* et les autres... les femmes honnêtes. Depuis de longues années, en sa vie de garde-malade près des filles, elle les entendait se servir avec une conviction si profonde du mot *travailler*, pour définir l'exercice de leur métier, qu'elle en était venue à considérer la vente et le débit de l'amour comme une profession un peu moins laborieuse, un peu moins pénible que les autres, une profession où il n'y avait point de morte-saison.

Les coups donnés par sa mère, les terreurs

des nuits passées dans le même lit, comptaient pour quelque chose dans la fuite d'Élisa de la Chapelle et son entrée dans la maison de Bourlemont, mais au fond la vraie cause déterminante était la paresse, la paresse seule. Élisa en avait assez de la laborieuse domesticité que demandaient les lits, les feux, les bouillons, les tisanes, les cataplasmes de quatre chambres, presque toujours pleines de pensionnaires. Et le jour où elle succombait sous cette tâche de manœuvre, regardant autour d'elle, elle se sentait également incapable de l'application assidue qu'exige le travail de la couture ou de la broderie. Peut-être y avait-il bien, dans cette paresse, un peu de la lâcheté physique, qui chez quelques jeunes filles persiste longtemps après la formation de la femme, et pendant quelques années les prive — les malheureuses, quand elles sont pauvres — de toute la vitalité des forces de leur corps, de toute l'activité obligée de leurs doigts. La paresse et la satisfaction d'un sentiment assez difficile à exprimer, mais bien particulier à cette nature portée aux coups de tête : l'accomplissement d'une chose violente, extrême, ayant et le dédain d'une résolution contemptrice du qu'en dira-t-on et le caractère d'un défi ; voilà les deux seules raisons qui avaient métamorphosé Élisa, si soudainement, en une prostituée.

Il n'y avait en effet, chez Élisa, ni ardeur lubrique, ni appétit de débauche, ni effervescence des sens. Les appréhensions qu'avait bien souvent laissé échapper la sage-femme, sur les suites des rapports de sa fille avec ses danseurs de bals publics, et que celle-ci, par un esprit de contrariété vraiment diabolique, s'amusait à tenir continuellement dans l'éveil, dans la peur de la réalité redoutée, n'avaient pas lieu d'exister. Élisa était vierge. Oh! une innocence entamée par le corrupteur spectacle de l'intérieur de sa mère, par la fréquentation de sales bals de barrière... Mais enfin... si l'occasion de *fauter*, ainsi que parle la langue du peuple, ne s'était pas présentée, Élisa n'avait pas été au-devant!... et son corps demeurait intact.

Il arrivait alors, que le doux honneur de ce corps, que sa virginité devenait en cette maison, pour Élisa, pendant trente-six heures, un tracas, un tourment, un sujet d'émoi tremblant, la tare d'un secret vice rédhibitoire qu'elle s'ingéniait à cacher, à dissimuler, à dérober à la connaissance de tous, peureuse de se trahir, craignant que la divulgation de sa chasteté n'empêchât son inscription. Et la fille vierge, en son imagination, se voyant ramenée chez sa mère, venait de jouer avec le hobereau campagnard une comédie de dévergondage propre à le tromper, à lui donner à croire que la novice était déjà une vieille recrue de la prostitution.

VIII

Élisa se voyait délivrée de sa mère. Sa vie de chaque jour était assurée. Le lendemain, le lendemain, cette préoccupation de l'ouvrière... elle n'avait point à y songer. Les hommes qui venaient dans la maison ne battaient pas les femmes. Aucune de ces « dames » ne lui *cherchait misère*. Monsieur et Madame semblaient de bonnes gens. Elle était bien nourrie. Au bout de journées sans travail, elle avait de tranquilles soirées de paresse pareilles à celle-ci :

Au dehors, aucun bruit, la paix d'un quartier mort, le silence d'une rue où l'on ne passe plus, la nuit tombée. Au dedans, l'atmosphère tiède d'un poêle chauffé à blanc, où l'humidité chaude de linge, séchant sur les meubles, se mêlait à l'odeur fade de châtaignes bouillant dans du vin sucré. Une chatte pleine mettant un rampement noir sur un tapis usé. Des femmes à moitié endormies dans des poses de torpeur, sur les deux canapés. Monsieur, avec son épaisse barbiche aux poils tors et gris, dans son gilet aux manches de futaine, une petite casquette à la visière imperceptible enfoncée sur sa tête jusqu'aux oreilles, les mains plongées dans les goussets de son pantalon, les pouces en dehors, regardant bonifacement de ses gros yeux, sillonnés de veines variqueuses, les illustrations d'un volume des *Crimes célèbres*, que lisait le fils de la maison. Le fils de la maison, un joli jeune homme pâle, aux pantoufles en tapisserie, sur lesquelles était brodée une carte représentant un neuf de cœur, un joli jeune homme pâle, si pâle que papa et maman l'envoyaient coucher neuf heures sonnantes. Et comme fond du tableau, dans une robe de chambre d'homme à carreaux rouges et noirs, Madame, la grasse et bédonnante Madame, occupée à se rassembler, à se ramasser, repêchant autour d'elle sa graisse débordante, calant, avec un rebord de table, des coulées de chair flasque, Madame, toute la soirée, remontant ses reins avachis d'une main, cramponnée

EMILE TESTARD, ÉDITEUR
Imp. A. Salmon.

au dossier de sa chaise, avec des *han* gémissants et des « Mon doux Jésus » soupirés par une voix à la note cristalline et fêlée d'un vieil harmonica, — pendant que, de loin en loin, la chute sur le parquet d'une de ses galoches à semelle de bois, faisait un *flac*, qui était là la plate et mate sonnerie de ces heures repues et sommeillantes.

IX

Les lieux mêmes, ce faubourg reculé, cette construction renfrognée, perdaient de leur horreur auprès d'Élisa ; elle ne les voyait plus avec les yeux, un peu effrayés, du jour de son arrivée. Le bourgeonnement des arbustes, la verdure maraîchère sortant de dessous la neige avec la fin des grands froids, commençaient à rendre aimable cette extrémité de ville, qui semblait un grand jardin, avec de rares habitations, semées de loin en loin, dans les arbres. La maison, elle aussi, en dépit de son aspect de vieille fortification, avait pour ses habitantes une distraction, un charme, une singularité. Des battements d'ailes et des chants d'oiseaux l'enveloppaient tout le jour. C'était, cette maison, l'ancien grenier à sel de la ville. Les murailles, infiltrées et encore transsudantes de la gabelle emmagasinée pendant des siècles, disparaissaient, à tout moment, sous le tourbillonnement de centaines d'oisillons donnant un coup de bec au crépi salé, puis montant dans le ciel à perte de vue, puis planant une seconde, puis redescendant entourer le noir bâtiment des circuits rapides de leur joie ailée. Et toujours, depuis l'aurore jusqu'au crépuscule, le tournoiement de ces vols qui gazouillaient. La maison était éveillée par une piaillerie aiguë, disant bonjour au premier rayon du soleil tombant sur la façade du levant; la même piaillerie disait bonsoir au dernier rayon s'en allant de la façade du couchant. Les jours de pluie, de ces chaudes et fondantes pluies d'été, on entendait de l'intérieur — bruit doux à entendre — un perpétuel froufrou de plumes battantes contre les parois, un incessant petit martelage de tous les jeunes becs picorant, à coups pressés, l'humidité et la larme du mur.

X

Les femmes, au milieu desquelles se trouvait Élisa, étaient pour la plupart des bonnes de la campagne, séduites et renvoyées par leurs maîtres. Vous les voyez! ces épaisses créatures, dont la peau conservait, en dépit de la parfumerie locale, le hâle de leur ancienne vie en plein soleil, dont les mains portaient encore les traces de travaux masculins, dont les rigides boutons de seins faisaient deux trous dans la robe usée, à l'endroit contre lequel ils frottaient. Une jupe noire aux reins, une camisole blanche au dos, ces femmes aimaient à vivre les pieds nus dans des pantoufles, les épaules couvertes du fichu jaune, affectionné par la fille soumise de la province. Chez ces femmes aucune coquetterie, nul effort pour plaire, rien de cet instinct féminin, désireux, même chez la prostituée, d'impressionner, de provoquer une préférence, de faire naître un caprice, de mettre enfin l'apparence et l'excuse de l'amour dans la vénalité de l'amour ; seulement une amabilité banale, où l'humilité du métier se confondait avec la domesticité d'autrefois, et qui avait à la bouche, pour l'homme pressé entre les bras, le mot « Monsieur » dans un tutoiement. Ni atmosphère de volupté, ni effluves amoureux autour de ces corps balourds, de ces gestes patauds. La ruée des femelles dans le salon, où elles se poussaient en se bousculant, montrait quelque chose de l'animalité inquiète et effarée d'un troupeau, et elles se hâtaient, le choix de l'une fait, de se rassembler, de se parquer en quelque coin reculé de la maison, loin de la compagnie et de la conversation de l'homme. Des êtres, pour la plupart, n'ayant, pour ainsi dire, rien de la femme dont elles faisaient le métier, et dont la parole libre et hardie n'était même jamais érotique, — des êtres qui paraissaient avoir laissé dans leurs chambres, leur sexe, comme l'outil de leur travail.

Toutes passaient les heures inoccupées de leurs journées, dans l'espèce d'ensommeillement stupide d'un paysan conduisant, sous le midi, une charrette de foin. Toutes, aussitôt qu'il y avait une lumière allumée, étaient prises d'envie de dormir, ainsi que de vraies campagnardes qu'elles étaient restées. Toutes s'éveillaient au jour, cousant dans leur lit, *trolant* dans leur chambre jusqu'à l'heure où la porte était ouverte. Beaucoup, nourries toute leur jeunesse de *potée* et de fromage, ne mangeaient de la viande que depuis leur entrée dans la maison. Quelques-unes voulaient avoir à table, à côté d'elles, un litre, disant que ce litre leur rappelait le temps où, toutes petites filles, elles allaient tirer le vin au tonneau. La grande distraction de ce monde était de parler patois, de gazouiller, au milieu de rires idiots où revenait le passé, le langage rudimentaire du village qui leur avait donné le jour.

La moins brute de la compagnie était une grande fille, à l'étroit front bombé, aux noirs sourcils reliés au-dessus de deux yeux de gazelle, aux joues briquetées d'un rouge dénonçant un estomac nourri de cochonneries, à la petite bouche accompagnée de fossettes ironiques, à l'ombre follette de cheveux tombant sur le sourire cerné de ses yeux et répandant, dans toute sa physionomie, quelque chose de sylvain et d'égaré. Chez la rustique et étrange créature, la fantasque déraison d'une santé de femme mal équilibrée éclatait à tout moment, en taquineries violentes, en caprices méchants, en actes d'une domination contrariante.

Elle s'appelait de son nom de baptême : Divine. La fille du Morvan avait eu l'enfance pillarde d'une petite voleuse des champs. Cette vie de rapine dans les clos et dans les vergers, se mêlait à une curiosité amoureuse du ciel, à des attaches mystérieuses aux astres de la nuit, qui bien souvent la faisaient coucher à la belle étoile. Dans le pays superstitieux, on disait l'enfant possédé du diable. Elle vivait, vagabondant ainsi le jour et la nuit, quand arrivait une diseuse de bonne aventure, une ancienne vivandière quêtant avec un sac sur les grands chemins. Le beurre fondu, la confiture de carotte de la chaumière, passaient dans la besace de la femme, à laquelle à la fin, Divine donnait quinze livres de lard pour que la sorcière lui fît le *grand jeu*. La chose découverte avait valu à la jeune fille, toute grande qu'elle était déjà, une fessée d'orties, si douloureuse qu'elle s'était sauvée de la maison paternelle.

Dans la Divine d'alors, il était resté beaucoup de la petite Morvandiote d'autrefois. Sortait-elle ? il n'y avait pas de haie capable de défendre les pois, les chicots de salade, qu'elle mangeait tout crus. La lune était-elle dans son plein ? Bon gré, mal gré, elle faisait cligner les yeux à ses compagnes jusqu'à ce qu'elles eussent vu, dans le dessin brouillé de l'astre pâle — et nettement vu — « Judas et son panier de choux. »

XI

Parmi ces femelles, la plupart originaires du Bassigny, Élisa apportait dans sa personne la *féminilité* que donne la grande capitale civilisée à la jeune fille élevée, grandie entre ses murs.

Elle avait une élégante tournure, de jolis gestes ; dans le chiffonnage des étoffes légères et volantes habillant son corps, elle mettait de la grâce de Paris.

Ses mains étaient bien faites, ses pieds étaient petits ; la délicatesse pâlement rosée de son teint contrastait avec les vives couleurs des filles de la plantureuse Haute-Marne.

Elle parlait presque comme le monde qui parle bien, écoutait ce qui se disait avec un rire intelligent, se répandait certains jours en une verve gouailleuse d'enfant du pavé parisien, étonnant de son bruit le mauvais lieu de la petite ville.

Mais ce qui distinguait surtout Élisa, lui donnait là, au milieu de la soumission servile des autres femmes, une originalité piquante, c'était l'indépendance altière et séductrice avec laquelle elle exerçait son métier. Sous la brutalité d'une caresse, ou sous l'insolent commandement du verbe, il fallait voir le redressement tout à la fois rageur et aphrodisiaque de l'être vénal, qui *sottisant* et coquettant et mettant le feu aux poudres, avec la dispute de sa bouche et la tentation ondulante de son corps provocateur, arrivait à exiger du désir qui la voulait, des excuses amoureuses, des paroles lui faisant humblement la cour.

Élisa devenait la femme, dont à l'oreille et en rougissant, se parlaient les jeunes gens de la ville, la femme baptisée du nom de la *Parisienne*, la femme désirée entre toutes, la femme convoitée par la vanité des sens provinciaux.

Monsieur et Madame consultaient maintenant Élisa pour leurs affaires. Elle était le secrétaire qu'ils employaient pour écrire à une fille élevée dans un couvent de Paris. Elle prenait la plume pour répondre aux lettres du jour de l'an commençant et se terminant ainsi : « Chers parents, qu'il me soit permis, au commencement de cette année, de vous exprimer ma reconnaissance pour la sollicitude continuelle dont vous m'entourez et les sacrifices que vous ne cessez de faire... Chers parents, soyez heureux autant que vous le méritez et rien ne manquera à votre bonheur et à ma félicité ! »

Divine, qui, depuis quelques années, exerçait dans l'intérieur la petite tyrannie despotique d'une femme malade, dépitée de tomber au second plan, quittait la maison. Et devant la considération témoignée par Madame à Élisa, ses compagnes descendaient naturellement à se faire ses domestiques.

Au moment du départ de Divine, un événement fortuit grandissait encore la position de la Parisienne. Elle avait la fortune de faire naître un coup de cœur chez le fils du maire de l'endroit. De ce jour, affichant à son cou, dans un grand médaillon d'or, l'image photographiée du fils de l'autorité municipale, Élisa conquérait dans l'établissement le caractère officiel de la maîtresse déclarée d'un héritier présomptif. Elle pouvait s'affranchir des corvées de l'amour son linge était changé tous les jours. Au lieu de la soupe que l'on mangeait le matin, elle prenait, ainsi que Madame, une tasse de chocolat. Au dîner elle buvait du vin de Bordeaux, du vin du fils de la maison pour sa maladie.

XII

Un verger s'étendait derrière la maison. Aux premières tiédeurs du printemps, les femmes quittaient le salon pour habiter toute la journée le jardin, ne rentrant qu'à la nuit tombante. Les habitués étaient accueillis dans de petits bosquets de chèvrefeuille, grimpés aux branches de vieux abricotiers en plein vent, sous lesquels ils buvaient du cassis, de la bière, de la limonade gazeuse. Là, parmi la floraison des arbres fruitiers, au milieu du reverdissement de la terre, sous le bleu du ciel, un peu de l'innocence de leur enfance revenait chez ces femmes dans la turbulence d'ébats enfantins. Le plaisir de petites filles qu'elles prenaient à courir, à jouer, effaçait en elles l'animalité impudique, rapportait à leurs gestes de la chasteté, rajustait sur leurs corps gaminants une jeune pudeur. Dans le jardin, ces femmes ne semblaient plus guère des prostituées, et les hommes, sans savoir pourquoi, se sentaient plus de retenue avec elles.

Le verger, avec de la grande herbe jusqu'à mi-jambes, et çà et là dans l'herbe, des carrés de légumes pour la consommation de la maisonnée, laissait passer, par endroits, les vestiges d'un ancien parc dessiné par un Lenôtre de province. Tout au fond, — le long d'une ruelle, la *sente* du Pinchinat, séparant le clos de grandes chènevières, d'où se levaient, dans le chaud de l'été, des senteurs capiteuses et troublantes, — il restait encore debout le débris, plusieurs fois foudroyé, d'un labyrinthe planté de buis centenaires. Le fils de la maison, avant sa maladie, avait l'habitude, en ses loisirs artistiques, de tailler les survivants en manière de coqs et de poules. Ces antiques arbres, aux formes à la fois ridicules et fantastiques, formaient un grand rond; quand vint le mois de juin, on y dansa toute l'après-midi, les dimanches, ainsi que cela avait lieu depuis des années.

Le violonneux n'était point un musicien de

la ville, mais un paysan d'un village voisin, qui était et l'ami, et le confident, et le conseiller, et l'homme d'affaires des dames de la maison.

Une curieuse figure, ce vieillard passant pour vivre de l'industrie de fabricateur d'huile de *faînes*, connu sous le sobriquet de *Gros-Sou*, et que l'on disait le fils naturel de l'abbé de Saint-Clair, le plus énorme bombancier et le plus intrépide chasseur de la contrée avant la Révolution. Et vraiment *Gros-Sou* semblait avoir, en ses veines villageoises, du sang du grand veneur ecclésiastique. On le citait comme le tireur et le pêcheur destructeur du département. D'un canton il connaissait, sous des noms par lui donnés, tous les lièvres, les attendait à tant de livres, les tuait l'un après l'autre. D'un bras de rivière, en dépit de ses soixante-seize ans, plongeant une partie de la nuit, il prenait tout le poisson, saisi par les ouïes, dans ses retraites les plus profondes. Puis avait-il vendu pour 150, pour 200 francs de gibier ou de poisson, Monseigneur le braconnier, retiré dans l'arrière-salle d'une auberge hantée par les fines gueules de l'arrondissement, ordonnait au tambour de l'endroit de tambouriner que *Gros-Sou* donnait rendez-vous à ses amis; et deux ou trois jours, il tenait table ouverte, versant du champagne à tout venant. Dans sa jeunesse *Gros-Sou* était un fort *endiableur de filles*. A cette heure il avait *dételé*, mais il aimait encore la société des femmes *folles de leur corps*, ainsi que les nommait le vieux passionné, se plaisant à leur contact sensuel, prenant une jouissance toute particulière à se faire conter leurs petites affaires, à les confesser, à les conseiller, jouant auprès d'elles une espèce de rôle de directeur, grâce à l'onction paysannesque de sa parole, grâce à l'empire qu'ont sur toutes les femmes, les hommes qu'elles sentent demeurés des amants de leur sexe.

L'original vieillard, qui avait une aptitude singulière à jouer de tous les instruments, arrivait le dimanche avec son violon, un gosier intarissable, un entrain, un enlèvement des gens, qui mettaient bientôt en branle le monde. Toute la journée, son violon faisant rage, et la verve de sa parole trouvant des stimulants drolatiques, il faisait, par ma foi, huit heures durant, bonnement sauter ces hommes et ces

ÉMILE TESTARD, ÉDITEUR
Imp. A. Salmon.

femmes, ainsi que d'honnêtes filles et d'honnêtes garçons dans un bal de campagne.

Il ne venait jamais, sans apporter quelque plat de poisson ou de gibier, qu'il fricotait lui-même comme *onc* chef de grande maison ne sut jamais cuisiner. Les jeunes gens de la ville, friands de sa cuisine, des bons contes qu'il faisait, la fourchette en main, de l'originalité qui se dégageait de ce reste de grand seigneur tombé en un homme de la nature, de l'amusement que le septuagénaire galantin et rustique apportait à un repas, — les jeunes gens de la ville étaient nombreux. En ce jour du dimanche, au milieu de ces femmes tout heureuses par lui et qui lui faisaient fête, distribuant, en roi de la table, des paroles basses à l'oreille de celle-ci, de celle-là, le paysan *Gros-Sou* semblait revivre dans la peau de son très illustre père, présidant un souper d'impures.

XIII

La prostitution de la petite ville de province diffère de la prostitution des grands centres de population. Le métier pour la fille, dans la petite ville, a une douceur relative; l'homme s'y montre humain à la femme. Là, l'heure est plus longue pour le plaisir, et la hâte brutale commandée par l'activité de la vie des capitales n'existe pas. Une débauche plus naïve, plus sensuelle, moins cérébrale, moins hantée de lectures cruelles ne recherche point dans la Vénus physique l'humiliation et la douleur de la créature achetée. Et le public demandant en province moins de honte à la prostituée, la prostitution, en ses maisons à jardins, perd de son dégoût et de son infamie, pour se rapprocher un peu de la vénalité galante, ingénument exercée, dans la molle indulgence de peuples primitifs, sur des terres de nature.

La prostitution! D'ordinaire, à Paris, c'est la montée au hasard, par une ivresse, d'un escalier bâillant dans la nuit, le passage furieux et sans retour d'un prurit à travers la mauvaise maison, le contact colère, comme dans un viol, de deux corps qui ne se retrouveront jamais. L'inconnu, entré dans la chambre de la fille, pour la première et la dernière fois, n'a pas souci de ce que, sur le corps qui se livre, son érotisme répand de grossier et de méprisant, de ce qui se fait jour dans le délire de la cervelle d'un vieux civilisé, de ce qui s'échappe de féroce de certaines amours d'hommes. Dans la petite ville, le passant est une exception. Les gens admis dans la maison sont presque toujours connus, et condamnés, même au milieu de l'orgie, à un certain respect d'eux-mêmes dans leurs rapports avec les filles. Puis les hommes qui frappent à la porte, se présentent dans des conditions autrement et différemment amoureuses que les hommes des grandes villes. En province, le rigorisme des mœurs et la police des cancans défendent à la jeunesse la maîtresse, la vie commune avec la femme. La maison de prostitution n'est pas absolument pour le jeune homme le lieu où il va rassasier un besoin physique, elle est avant tout, pour lui, un libre salon, dans lequel se donne satisfaction le tendre et invincible besoin de vivre avec l'autre sexe. Ce salon devient un centre où l'on cause, où l'on mange ensemble, où se noue entre ces jeunesses d'hommes et de femmes le lien d'innombrables heures passées à jouer au piquet; et à la longue avec l'ennui et l'inoccupation de la vie provinciale, les filles, les filles les plus indignes sortent de leurs rôles d'humbles machines à amours, se transforment en des espèces de dames de compagnie, associées à l'existence paresseuse des jeunes bourgeois. Cette fréquentation de tous les jours fait naître chez celui-ci ou celui-là pour celle-ci ou celle-là, des atomes crochus, des habitudes, des fidélités qui ressemblent à des amours réglées. De vraies passions, tenues de trop court par l'avarice terrienne de vieux parents de sang paysan, pour se charger de l'existence d'une femme, se voient condamnées à l'aimer là. Le cas n'est pas rare, de *déniaisés* qui restent, jusqu'au jour de leur mariage, reconnaissants à la femme qui les a débarrassés des prémices de leur puberté.

Par toutes ces causes, et il faut le dire aussi, au bout de ce compagnonnage honteux de ces jeunes hommes avec Monsieur et Madame, de l'immixtion un peu salissante dans les choses et les secrets de la maison, de ce long spectacle démoralisateur du commerce de l'endroit, il arrive que la femme payée prend sur l'homme qui la choisit toujours, l'espèce de domination attachante d'une femme qui se donne, et que la prostituée de petite ville échappe à la dégradation de son état, triomphe souvent de l'impossibilité de pouvoir, semble-t-il, être aimée avec le cœur.

XIV

Deux années se passaient pour Élisa dans cette douceur matérielle de la vie, dans ce milieu de complaisances et de paroles flatteuses, dans cette domination acceptée de tout le monde, dans cette indépendance, presque ce bon plaisir de ses volontés et de ses actes. Tout à coup les choses changeaient. La progéniture du maire entrait dans les bureaux d'un ministère à Paris, et le départ de la jeune influence replaçait Élisa dans la situation inférieure qu'elle avait dans le passé. La rancune de ses compagnes blessées par ses airs de princesse, les exigences de ses caprices, les *foucades* de son caractère, s'essayait petit à petit à mordre sur elle, cherchant à se *revenger* à la sourdine, avec la méchanceté savante dont les femmes même des champs ont le perfide secret. Le bonhomme *Gros-Sou*, trouvé un matin d'hiver gelé à l'affût, n'apportait plus, les dimanches, la gaieté de son violon et de sa bien portante vieillesse. La *Lorraine*, attaquée d'un commencement de paralysie à la suite d'une congestion cérébrale, avait été portée à l'hôpital. Monsieur, dont jusqu'alors on ne connaissait pas « la couleur des paroles », s'échappait en de grosses colères, venant de l'annonce d'une concurrence dans le voisinage. En tout et partout, ce n'était que déplaisir pour Élisa qui commençait à *s'ennuyer* des femmes, des hommes, du pays, et en laquelle s'éveillait sourdement la sollicitation d'un changement de lieu et de demeure.

Bientôt l'attristée maison se remplissait du noir et de l'horreur que met entre quatre murs l'agonie furieuse d'un jeune mourant qui ne veut pas mourir. Le fils de la maison n'avait plus que quelques semaines à vivre, et chaque crise, qui l'approchait du terme, amenait une épouvantable scène, où dans la terreur de la mort, de sa bouche impitoyable, il injuriait sa mère, l'appelant de noms infâmes qu'on entendait de la rue, l'accusant de sa fin prématurée, criant que Dieu le punissait, lui, du sale métier qu'elle faisait !

Élisa, par l'habitude que son enfance avait eue de soigner les femmes en couche, devenait naturellement la garde-malade de ce garçonnet. Les jours, où il ne voulait supporter la présence ni de son père ni de sa mère, elle le soignait, elle le veillait, et au milieu de la disposition chagrine de son esprit et du douloureux de sa tâche, elle cherchait une distraction dans la lecture des livres, des romans qui traînaient sur le lit du jeune homme, et qu'il lisait comme un malade, en allant de l'un à l'autre, dans les entr'actes de la souffrance.

XV

Chez la femme du peuple, qui sait tout juste lire, la lecture produit le même ravissement que chez l'enfant. Sur ces cervelles d'ignorance, pour lesquelles l'*extraordinaire* des livres de cabinet de lecture est une jouissance neuve, sur ces cervelles sans défense, sans émoussement, sans critique, le roman possède une action magique. Il s'empare de la pensée de la liseuse devenue tout de suite, niaisement, la dupe de l'absurde fiction. Il la remplit, l'émotionne, l'enfièvre. Plus l'aventure est grosse, plus le récit est invraisemblable, plus la chose racontée est difficile à accepter, plus l'art et le vrai sont défectueux et moins est réelle l'humanité qui s'agite dans le livre, plus le roman a de prise sur cette femme. Toujours son imagination devient la proie pantelante d'une fabulation planant au-dessus des trivialités de sa vie, et bâtie, fabriquée dans la région supérieure des sentiments surnaturels d'héroïsme, d'abnégation, de sacrifice, de chasteté. De chasteté, ai-je dit, surtout pour la prostituée, la femme chez laquelle la science médicale a signalé la pureté des songes et l'espèce d'aspiration inconsciente de son être souillé vers l'immatérialité de l'amour.

Le roman! qui en expliquera le miracle? Le titre nous avertit que nous allons lire un mensonge, et au bout de quelques pages, l'imprimé menteur nous abuse, comme si nous lisions un livre « où cela serait arrivé ». Nous donnons notre intérêt, notre émotion, notre attendrissement, une larme parfois à de l'histoire humaine que nous savons ne pas avoir été. Si nous sommes ainsi trompés, nous! comment l'inculte et candide femme du peuple ne le serait-elle pas? Comment ne croirait-elle pas à sa lecture avec une foi plus entière, plus naïve, plus abandonnée, plus semblable à la foi de l'enfant, qui ne peut lire un livre sans se donner à lui et vivre en lui? Ainsi de la confusion et de la mêlée de ses sensations irréfléchies

avec les choses qu'elle lit, la femme du peuple
est impérieusement, involontairement amenée
à substituer à sa personne le personnage ima-
ginaire du roman, à se dépouiller de sa misérable et prosaïque individualité, à entrer for-
cément dans la peau poétique et romanesque
de l'héroïne : une véritable incarnation qui se
continue et se prolonge longtemps après le
livre fermé. Heureuse de s'échapper de son
gris et triste monde, où il ne se passe rien, elle
s'élance vite à travers le dramatique de l'existence fabuleuse. Elle aime, elle lutte, elle
triomphe de ses ennemis, ainsi que s'expriment
les tireuses de cartes. Elle a maintenant enfin,
par l'exultation des sens, par une grossière
ivresse de la tête, les aventures du bouquin.

Le cabinet de lecture de Bourlemont, sur
lequel était tombée Élisa, était bien la biblio-
thèque qu'il lui fallait. Une centaine de petits
volumes, ressemblant, dans leur reliure de
basane, à des semaines saintes de village, et
dont la location s'ajoutait à la vente d'almanachs liégeois et d'animaux en sucre cerise
d'une boutique faubourienne, formaient, ras-
semblés par le hasard, une réunion hétéroclite

des romans qu'avait fait publier en France l'insurrection de la Grèce en 1821. C'étaient, dans le décor d'une féerie et d'un Orient baroque, des Palicares héroïques, des captives grecques résistant à des pachas violateurs, des combats singuliers dans des souterrains, des incendies, des captivités, des fuites, des délivrances, et toujours, à la fin, le couronnement légal des feux de l'amant devant un maire de Sparte ou d'Argos. Tout l'épique du boulevard du Crime, tout le faux chevaleresque, tout le faux amoureux, capables de transporter dans le bleu d'un troisième ciel, le terre à terre des idées d'une fille gagnant avec son amour, pauvrement, son pain dans une laide petite ville de province. Au milieu de ces romans, se trouvaient d'autres romans, produits par le mouvement religieux de la Restauration, et promenant en Judée des idées néo-catholiques dans des suppléments à l'*Itinéraire de Paris à Jérusalem* : des romans où des pèlerinages pieux à la recherche d'une rose mystique s'entremêlaient, dans la vallée de Josaphat, avec des légendes pieuses, avec de la minéralogie, avec des histoires de brigands, avec des amours platoniques.

La lecture était devenue une fureur, une rage chez Élisa. Elle ne faisait plus que lire. Absente de corps et d'esprit de la maison, la fille, autant que lui permettait l'idéal bas et borné de sa nature, vivait dans un vague et généreux soulèvement, dans le rêve éveillé d'actions grandes, nobles, pures, dans une espèce d'hommage de son cerveau à cela que son métier lui faisait profaner à toute heure.

XVI

— Élisa!
— Madame?
— Monte, ma fille!

Le dialogue avait lieu du haut en bas de l'escalier.

— De quoi, Madame? fit Élisa, arrivée sur le seuil de la chambre à la porte toujours ouverte.

— Qu'est-ce qu'on me dit?... Des messieurs se plaignent que vous n'êtes plus amoureuse... En voilà un renom propre pour ma maison!... C'est les sales livres que tu lis toute la journée... Un peu vite que tu vas me ficher tout ça dans les lieux de l'Enfer, petite traînée!...

Jamais Madame, d'habitude toute sucrée, toute mielleuse, et dont les observations étaient toujours adoucies par une voix hypocritement *plaignarde*, ne prenait avec une de ses femmes un pareil ton. C'est que l'ignoble vieille femme avait de chaudes entrailles pour son enfant, et que la désespérée jalousie qu'elle éprouvait, au fond de son cœur déchiré, de voir l'agonie du mourant accepter les soins d'Élisa et repousser les siens, éclatait, sur un prétexte quelconque, en la plus outrageante bordée d'injures.

Aussi, après le premier étonnement de ces paroles, lui tombant à l'improviste sur la tête ainsi que des soufflets, le mouvement instinctif de la rageuse Élisa fut-il de se précipiter sur la grosse femme, que la peur faisait tomber de sa chaise, pendant qu'Élisa roulait sur son corps dans une violente attaque de nerfs.

Après deux heures de soins, de tapes dans les mains, d'aspersions de vinaigre des *quatre-voleurs*, Élisa revenue à elle, au milieu d'un flot de paroles, dont les notes irritées étaient mouillées de larmes, déclarait qu'elle ne resterait pas une minute de plus dans un endroit, où on la traitait ainsi. Elle grimpait dans sa chambre, commençait à trier ses affaires de celles de la maison, les entassait pêle-mêle dans sa malle de bois au couvercle de poil de sanglier.

XVII

Monsieur, très désagréablement surpris de se voir quitter par le premier sujet de son établissement, sa casquette à la main, montait prier Élisa de ne point s'en aller.

Quelques instants après, apparaissait Madame suant et soufflant, suivie de toutes les filles de la maison, qui, derrière elle, les unes portant une porcelaine, les autres un bouquet, faisaient, avec des figures de circonstance, dans l'escalier en spirale, une longue et théâtrale procession.

La grosse femme, en pleurnichant, disait qu'elle était bien malheureuse, s'excusait sur le chagrin qui la rendait « quasiment folle », puis elle poussait dans les bras d'Élisa ses sept femmes, qui tour à tour embrassaient leur compagne, cherchant à la retenir avec des caresses, avec des mots d'amitié, avec la désolation de commande peinte sur leurs visages, avec le petit cadeau qu'elles tournaient entre leurs doigts bêtes. Élisa demeurait inébranlable. Elle était la volonté entêtée qui ne revient jamais sur une décision de sa colère, et, selon son expression, elle aurait mieux aimé « se faire piler » que de céder. Tout ce que pouvait obtenir le chœur suppliant, répandu dans la chambre, sur le palier, sur les marches de l'escalier, — encore avec bien de la peine, et en faisant appel à la pitié d'Élisa pour le mourant, c'était la concession d'une ou deux semaines.

Il y avait longtemps que plus rien n'attachait Élisa à la maison; même, depuis quelques jours, la conception vague d'une résolution bizarre et généreuse la poussait vers la porte. Dans l'enfoncement de sa pensée parmi les romans du cabinet de lecture de Bourlemont, dans cette existence cérébrale pendant des mois, en plein milieu d'actes d'héroïsme et de dévouement, Élisa s'était sentie mordue du désir d'accomplir des actions se rapprochant de celles qu'elle avait lues, et un besoin impérieux de se dévouer à sa façon tourmentait son cœur de fille.

Son imagination appelait, pour lui offrir l'hommage et le sacrifice de sa vie, un homme se montrant à elle, dans l'émouvant cortège des dangers, des périls, des luttes mortelles, au milieu desquels elle voyait marcher ses Palicares. Alors, un soir, était tombé dans sa chambre un commis voyageur, qui déposait sur sa table de nuit des pistolets, un poignard, tout un arsenal de guerre. Les paroles de cet homme ne racontaient que des prises d'armes, des tueries d'émeutes, des scènes sanglantes de nature à donner la chair de poule à une femme. A la lueur de la bougie, placée derrière sa carte de visite, le commis voyageur faisait voir à Élisa un bonnet de la liberté dans un triangle égalitaire. Il prononçait, à voix basse, le nom d'une redoutable société secrète travaillant dans l'ombre à renverser le gouvernement. L'inquiétude de son corps, le coup d'œil furtif et circulaire de ses yeux disaient le conspirateur traqué par la police, craignant à tout moment de voir jaillir un agent d'un placard. Avant de se coucher, il roulait la commode devant la porte. Il avait demandé du champagne ; quand il fut gris, il commençait à s'apitoyer sur sa jeunesse, sur la courte vie que devait, hélas ! bientôt terminer la guillotine ou le peloton d'exécution. Par cette mort qu'il tenait suspendue sur sa tête, par ce passé d'affiliations ténébreuses, par le prestige mystérieux sur le peuple de ce mot : « membre de la Marianne », ce commis voyageur semblait l'homme dépêché par la Fatalité pour s'emparer de l'intérêt romanesque de la misérable femme. C'était, en chair et en os, le héros évoqué par les rêves d'Élisa.

Quelques jours après la scène avec Madame, le commis voyageur, qui avait achevé sa tournée de Bourlemont, venait faire ses adieux à la fille. Élisa lui demandait dans quelle ville il allait, et quel jour il y serait.

Au jour dit, dans la ville qu'il avait nommée, le commis voyageur, arrivant du chemin de fer, son sac de nuit à la main, à l'heure où s'allumaient les réverbères, fut très étonné de voir s'avancer à sa rencontre, tout en battant le pavé, une femme qui était Élisa.

— Toi ici !

— Ne m'avais-tu pas dit que tu y serais aujourd'hui?

— Eh bien?

— Eh bien, m'y voilà!... et maintenant tu me trouveras comme ça... oui, tu me trouveras partout... où tu iras!

XVIII

A partir de ce jour, commença pour Élisa une vie voyageuse et ambulante, une existence nomade promenée, de province en province, par l'itinéraire du commis voyageur, une succession de courts embauchages dans les maisons de prostitution du nord, du midi, de l'ouest, de l'est de la France. Un mois Besançon l'avait, un mois Nantes, un mois Lille, un mois Toulouse, un mois Marseille. L'installation de la fille précédait de quelques jours l'arrivée de l'amant de cœur. Partout là où allait son homme, Élisa s'arrangeait pour qu'il trouvât gratis, au débotté, l'amour et la servitude d'une esclave. Les duretés, les ennuis, les fatigues de cette perpétuelle et toujours recommençante pérégrination, Élisa, sans même demander un *merci*, les supportait avec la sereine et inlassable constance de l'abnégation.

Élisa cependant n'aimait vraiment pas. Rien d'une de ces passions physiques, qui viennent à une femme de sa classe, par des causes secrètes et inconnues pour un mâle spécial, ne remuait ses sens. Son cœur n'avait point été touché. Le commis voyageur n'était au fond pour cette femme, à la cervelle échauffée, que le prétexte à un dévouement prêt à jaillir, depuis des mois, au profit du premier passant. Disons-le, dans ces liaisons de femmes à hommes, où la femme se fait la protectrice de l'homme, prend à charge et assume sur elle son bonheur, le manque d'amour est plus commun qu'on ne croit. La créature a cédé à un attendrissement psychique, à un de ces mouvements de charité humaine entr'ouvrant un cœur; et un mobile, au-dessus des choses sensuelles, décide, la plupart du temps, de ces adoptions aveugles, où l'être qui se donne se paye en pleine infamie, par le contentement pur des actions désintéressées. Le plus souvent dans ce rôle tutélaire de la fille, vous ne trouverez que la satisfaction légitime d'une faiblesse protégeant une force, et encore le sentiment, à ses propres yeux, du relèvement et du rachat de cette fille au milieu de la vénalité du métier. Il existe dans l'immonde profession un besoin instinctif de la femme, et plus fort que son égoïsme, de créer, de bâtir avec ses privations et ses souffrances une félicité d'homme. Très souvent dans la prostitution cette immolation d'une femme au profit d'un homme, d'un homme vil! oui, mais qu'importe? cette immolation prend quelque chose d'une touchante maternité, en a les complaisances, les indulgences, les éternels pardons.

Au bout de quelques mois, ce n'était plus seulement son amour qu'Élisa donnait à son conspirateur, c'était l'argent de ses cigares, puis l'argent de ses dépenses de café, puis l'argent de toutes choses, l'argent pour assoupir les dettes criardes des années précédentes, l'argent pour payer les frais arriérés d'une prétendue condamnation, enfin tout l'argent que gagnait Élisa. Ses chemises usées, elle arriva à ne pouvoir les remplacer, et n'eut bientôt plus à se mettre sur le dos que la robe indispensable pour faire le trottoir. En récompense de cette misère, Élisa n'obtenait cependant que des pa-

roles à l'adresse d'un chien, parfois des coups.
Et la femme, aux mains batailleuses, se laissait
maintenant frapper, sans se rebiffer. Elle ne
se plaignait pas, ne se lassait pas, ne se rebutait pas. De jour en jour plus maltraitée et plus
dépouillée, elle devenait plus douce, plus soumise, plus prévenante, comme si elle trouvait,
parmi les impitoyables exigences de l'entretenu, un martyre aux douces et exaltantes tortures. Il semblait qu'Élisa ressentait une jouissance orgueilleuse dans le sacrifice, et on aurait
vraiment dit qu'elle était reconnaissante à cet
homme de tout ce qu'il lui faisait souffrir dans
son âme et dans sa chair. Un jour, la frénésie
de son dévouement pour son bourreau éclatait
en ce cri sauvage : « Cet homme, je ne sais pas
si je l'aime, mais il me dirait : Ta peau, je la
veux pour m'en faire une paire de bottes, que
je lui crierais : Prends-la ! »

. . . .
. . . .

Les débats d'un grand procès politique, qui
remplissait la France de son bruit, apprenaient,
peu de temps après, à Élisa, que son héros de
société secrète était un mouchard, un agent

provocateur. Dans une batterie terrible, elle se séparait de son amant, lui crachant au visage le mépris qu'a la fille pour l'homme de police inférieur. Et Élisa redevenait une prostituée, semblable à toutes les prostituées, avec, depuis cette liaison, quelque chose de haineux et de mauvais contre l'autre sexe, pareil à ce qui se cabre, est prêt à mordre dans ces chevaux baptisés : *méchants à l'homme.*

XIX

Une grande chambre, au plancher sordide, éclairée par le demi-jour de persiennes closes. Dans cette chambre, assises sur des chaises de paille, des femmes en cheveux et décolletées, dont les robes de soie sont soigneusement relevées au-dessus du genou. Quelques-unes de ces femmes, les mains enfoncées dans des manchons, se tenant par habitude autour d'une plaque en fer dans le parquet, sous le coude d'un tuyau de poêle démonté. Le long des quatre murs, une grande armoire à robes, en bois blanc, portant, écrits au crayon dans le milieu des nœuds du sapin, ainsi que dans le cœur gravé sur l'écorce d'un arbre : deux noms et une date amoureuse. Pêle-mêle, sur le haut de l'armoire, des branches de buis bénit des années passées, avec des tasses posées sur le côté où sèche du marc de café. Au centre de la pièce, une table de cuisine, en un coin de laquelle, parfois une femme se penche, pour faire une *patience* avec des cartes poissées. Deux ou trois femmes, rapprochées des fenêtres, brodent au jour sali par les reflets d'une cour ouvrière et filtrant entre les lamelles des persiennes. Les autres demeurent paresseusement dans des avachissements fantomatiques, avec le blanc de leurs cols et de leurs fichus, prenant autour des figures, dans ce crépuscule qui est là, — la lumière de toute la journée, — la crudité des blancs dans de vieux tableaux qui ont noirci.

Cette chambre, appelée le *poulailler*, est le local misérable, dans lequel la maîtresse de maison, pour économiser le velours d'Utrecht de son salon, tient ses femmes, toute la journée, en ces quartiers où l'Amour ne vient guère en visite que le soir. Le temps est long dans cette obscurité, en cette nuit du jour, où, sous la durée des heures lentes, s'assombrit la pensée, se tait à la fin, dans un silence de mort, la parole bavarde de la femme. Enfin trois heures... trois heures et le *merlan*. Au *yaulement* de l'artiste capillaire dans l'escalier, aussitôt les immobi-

Georges Jeanniot inv. et sc.

ÉMILE TESTARD, ÉDITEUR

Imp. A. Salmon

lités et les endormements ennuyés de se réveiller dans un étirement de bête, de se secouer, de quitter leurs chaises. Le petit réchaud à chauffer les fers est allumé, est installé en un clin d'œil sur la table. Déjà les femmes, à la mine mendiante d'enfants demandant qu'on leur conte des histoires, se pressent contre le jeune homme au toupet en escalade. Et tout le temps que le peignoir passe des épaules de l'une sur les épaules de l'autre, toutes faisant cercle autour de l'homme au peigne, et toutes appelant ses réponses en même temps, lui arrachent de la bouche ce qui se passe, ce qui se dit, ce qu'il a vu, le pressent enfin de parler, sans qu'il ait rien à dire, avides, dans cet enfermement grisâtre, d'entendre quelqu'un leur apportant quelque chose du dehors, de la rue, du Paris vivant et ensoleillé. Puis le coiffeur parti, dans l'air où d'invisibles araignées semblent tisser leurs toiles couleur de poussière, revient l'ennui de cette vie de ténèbres, et cela jusqu'à l'heure où, parmi le flamboiement du gaz, se lève le jour de la prostitution.

Ces journées étaient les journées de la nouvelle existence parisienne d'Élisa.

XX

Le moment était venu. Un foulard blanc au cou, sur la tête un chapeau de velours noir avec un bouquet de géraniums ponceau, Élisa, dans la triste et neutre toilette du vice pauvre, enfournait le caraco banal, bordé de poil de lapin, qui servait, tour à tour, à toutes les filles de la maison.

Au dehors, qu'il plût, qu'il neigeât, qu'il gelât, bien portante ou malade, Élisa était tenue de *faire son heure*, dans la pluie, la neige, la bise, la froidure. Elle sortait de l'allée, où la lampe de l'escalier mettait sur l'humidité des murs un ruissellement rougeoyant, et se lançait sur le trottoir : un trottoir côtoyant de vieilles bâtisses ressoudées tant bien que mal, interrompu par les rentrants des maisons bâties d'après le nouvel alignement, coupé, çà et là, par des bornes défendant des entrées de cours, noyé par l'eau du ruisseau, au moindre orage.

Elle allait, revenait sur le trottoir, marchant vite et retroussée haut, la tête tournant à droite, à gauche, en arrière, à tout bruit de bottes sur le pavé, la bouche susurrant : « *Monsieur, écoutez donc ?* » Elle allait, revenait, donnant à voir, sous sa jupe remontée des deux mains, la provocante blancheur de son bas jusqu'aux genoux. Elle allait, revenait, les hanches remuantes de tordions, faisant faire sur le trottoir, à son jupon empesé, le bruit d'un balai de bouleau dans les feuilles mortes. Elle allait, revenait, barrant le trottoir à tout passant, avec ici et là, la double avance d'un corps imitant le lascif balancé d'une contredanse. Le long des murs verdâtres, au milieu des sales ténèbres, fouettée d'ombres et de lueurs de gaz errantes sur le ballonnement et l'envolée de sa marche, Élisa allait, revenait sur le trottoir, tout à la fois provocante et honteuse, tout à la fois hardie et craintive, tout à la fois agressive et peureuse des coups.

Cinquante pas, vingt-cinq pas en deçà, vingt-cinq pas au delà de l'entrée de l'allée : c'était la

promenade *réglementaire* d'Élisa, promenade
limitée entre la maison portant le n° 17 et un
terrain vague. La voici devant l'atelier de *recan-
nage*, qui avait comme enseigne deux chaises
dépaillées en saillie au-dessus de sa porte; puis
devant le marchand d'*abats*, où, dans un rentrant de fenêtre, pendant le jour, s'installait
une friturerie de beignets; puis devant le coiffeur; puis devant la maison noire, où se balan-
çait à une fenêtre grillée du second étage une
épaulette de soldat de ligne, apportée là par les
hasards d'une émeute; puis devant le débit de
vin dans le fond duquel on dansait la bourrée le
dimanche; puis devant une remise de voitures
à bras; puis devant un fournisseur de cordes à
boyaux pour archets, dont les volets étaient
peints de grands violons, couleur de sang; puis
enfin devant une palissade renfermant les
ruines d'une construction effondrée. Et cela
fait, Élisa recommençait... avec l'ennui irrité
de revoir, soixante fois dans une heure, les
mêmes maisons, les mêmes devantures, les
mêmes pierres.

La sortie d'Élisa avait lieu, quand elle pouvait l'obtenir, en ces commencements de nuits

parisiennes, où le pâle faîte des maisons se perd
dans l'azur décoloré d'un ciel resserré entre
deux toits, tout au haut duquel tremblote une
petite étoile. Le plus souvent, Élisa était dehors,
en des heures reculées, qui n'ont pour lumière,
dans le lointain endormi et le ciel enténébré,
que les rondes lanternes des hôtels, où on loge à
la nuit. Bientôt les passants se faisaient rares.
Dans la rue il n'y avait plus, et encore de temps
en temps, qu'un ivrogne attardé qui pissait
contre la palissade, en parlant tout haut. L'une
après l'autre, les boutiques s'étaient éteintes,
puis fermées; seule la lueur d'un quinquet chez
le coiffeur mettait un rayonnement trouble dans
les vieux pots de pommade de la devanture,
montrant, sous un éclairage fantastique, deux
petits bustes. Sur un commencement de gilet
rose et sur une cravate bleu de ciel, riait une
tête de négrillon, aux cheveux crépus, sous un
chapeau gris, un chapeau joujou, et le négrillon avait comme pendant, sous un autre petit
chapeau, mais noir, un joli jeune homme aux
cheveux blonds frisés, en cravate blanche attachée par une broche, avec de petites moustaches
sur le bois colorié de sa figure. Ainsi que les

choses lumineuses dans l'obscurité, prennent, forcent le regard, les deux petits bustes, chaque fois que passait devant eux Élisa, arrêtaient la promeneuse, et la retenaient de longs instants, pendant lesquels, dans la fatigue de ce manège sur place, dans l'ahurissement de cette promenade toujours allante et revenante, ses yeux, sans la conscience de ce qu'ils regardaient, contemplaient stupidement les deux poupées macabres.

Soudain Élisa, donnant un coup de plat de main sur sa jupe, se redressant, relevant la tête, reprenait un moment sa marche, qui, sur le pavé gras, sur le pavé mouillé de toutes les lavures des boutiques, perdait bientôt son impudique élasticité, et devenait lente, paresseuse, traînarde.

Enfin le coiffeur couché, la rue déserte, Élisa continuait à aller et à venir, en compagnie de son ombre, mettant un peu derrière elle, sur les affiches blanches de la palissade frappée par le réverbère, la lamentable caricature de la prostituée *battant son quart* dans la nuit solitaire.

XXI

— Mon enfant, vous êtes à l'amende !

C'était Madame qui, pendant le dîner, faisant le tour de la table et passant la main dans le dos d'Élisa, la surprenait sans son corset.

La semaine suivante, il y avait une nouvelle amende prononcée contre Élisa par Madame, qui affichait la plus grande rigidité au sujet de la tenue de ses femmes, et une autre semaine encore, une autre amende : si bien qu'Élisa désertait la maison au bout de deux mois, et allait dans la maison de la rue voisine. Là, presque aussitôt, une dispute avec une camarade la faisait quitter le bazar. Elle changeait de nouveau, ressortait d'une construction aux plâtres mal essuyés, dont elle emportait une « fraîcheur ». Elle ne demeurait guère plus dans un établissement, où elle ne voulait pas permettre au

« lanternier » de s'immiscer dans ses affaires. Et pour un motif légitime ou absurde, pour une raison quelconque, la plupart du temps pour un rien, et sous le prétexte le plus futile, elle abandonnait brusquement les murs, au milieu desquels elle vivait depuis quelques semaines, transportant sa petite malle et son humeur voyageuse à deux ou trois portes de là. Pendant l'espace d'un petit nombre d'années, Élisa faisait ainsi les maisons des rues, qu'un ancien livre nomme « *des rues chaudes* », les maisons de la rue Bourbon-Villeneuve, de la rue Notre-Dame de Recouvrance, de la rue de la Lune, du passage du Caire, de la rue des Filles-Dieu, de la rue du Petit-Carreau, de la rue Saint-Sauveur, de la rue Marie-Stuart, de la rue Françoise, de la rue Mauconseil, de la rue Pavée-Saint-Sauveur, de la rue Thévenot, puis les maisons de la rue du Chantre, de la rue des Poulies, de la rue de la Sonnerie, de la rue de la Limace; — toutes les obscures et abjectes demeures de ces deux quartiers du cœur industriel de la capitale, formant, il y a une trentaine d'années, le quatrième et le sixième lot de la prostitution non clandestine de Paris.

En ce besoin inquiet de changement, en cet incessant dégoût du lieu habité et des gens déjà pratiqués, en cette perpétuelle et lunatique envie de nouveaux visages, de nouvelles compagnes, de nouveaux milieux, Élisa obéissait à cette loi, qui pousse d'un domicile à un domicile, d'un gîte à un gîte, d'un antre à un antre, d'un lupanar à un lupanar, la prostituée toujours en quête d'un mieux qu'elle ne trouve pas plus que l'apaisement de cette mobilité, ne permettant à son existence circulante que de stationner le temps de s'asseoir, sous le même toit.

XXII

L'ébranlement perpétuel du système nerveux par le plaisir, en un corps qui ne l'appelle ni ne le sollicite; — la nourriture à la viande noire, flanquée des quatre saladiers de salades au hareng saur de fondation; — les excès d'alcool, sans lesquels une fille, devant une commission, déclarait « vraiment le métier pas possible »; — l'abus de l'eau-de-vie de maison publique, qui est comme de l'eau dans la bouche et une brûlure dans la gorge; — les journées claustrales aux persiennes fermées, les journées de ténèbres avec l'ennui splénétique des jours de pluie, de neige, du vilain temps de Paris; — les brusques transitions de ces passages de la nuit du jour au jour flamboyant de la nuit, et des heures vides aux heures délirantes; — la fatigue insomnieuse d'une profession qui n'a pas d'heures qui appartiennent à l'ouvrière ; — la discipline taquinante d'un gouvernement de vieille femme ; — la constante inquiétude d'une dette qui grossit toujours et poursuit la femme de maison en maison ; — la perspective, chez une fille d'amour vieillissante, du lendemain, du jour où partout on la repoussera avec cette phrase : « Ma fille, tu es trop vieille ; » — les séjours au dépôt, à Saint-Lazare, dans l'anxiété folle de n'en jamais sortir et d'y être éternellement retenue par le bon plaisir de la police ; — le découragement de se trouver sur la terre, hors du droit commun et sans défense et sans recours contre l'injustice ; — la conscience obscure de n'être plus une personne maîtresse de son libre arbitre, mais d'être une créature tout en bas de l'humanité, tournoyant au gré des caprices et des exigences de l'autorité, de la matrulle, de qui passe et qui monte : une pauvre créature qui n'est pas bien persuadée, au milieu des restes de sa religiosité, que la miséricorde de Dieu puisse s'abaisser jusqu'à descendre à elle ; — le sentiment journalier de sa dégradation joint à la susceptibilité mortelle de son infamie ; — toutes ces choses physiques et morales, par lesquelles vit et souffre l'existence antinaturelle de la prostitution, avaient, à la longue, façonné dans Élisa l'être infirme et déréglé, représentant, dans la femme primitive modifiée, le type général de la prostituée.

Un esprit mobile, inattentionné, distrait, fuyant, vide et plein de vague, ne pouvant s'arrêter sur rien, incapable de suivre un raisonnement, tourmenté du besoin de s'étourdir de bruit, de tapage, de loquacité.

Une imagination, où, dans la terreur religieuse d'un de ces cultes de l'extrême Orient pour ses divinités du Mal, est assis tout en haut des tremblantes adorations de la femme : Monsieur le Préfet de police. Une imagination frappée et toujours troublée par des appréhensions, par des craintes, par des peurs de l'inconnu d'un avenir fatal, dont elle va d'avance demander le secret aux tireuses de cartes. « La Justice et une mort prochaine, » avait prédit à Élisa une pythonisse de la rue Gît-le-Cœur.

La prédiction revenait souvent dans l'effroi de sa pensée nocturne.

Une raison qui a perdu le sang-froid, qui est toujours au bord des résolutions extrêmes, du *risque-tout* d'une tête perdue ; une cervelle malade traversée, à la moindre contradiction, des colères convulsives de l'enfance, toutes prêtes à mettre aux mains de la femme le *peigne à chignon*, faisant à la blessée des blessures dont elle ne guérit pas toujours.

Ça : c'est l'être psychologique.

L'être physiologique avec les diversités des organisations, des tempéraments, des constitutions, se personnifie moins bien dans une individualité.

Cependant, Élisa présentait certains caractères génériques. Elle commençait à prendre un peu de cette graisse blanche, obtenue ainsi que dans l'engraissement ténébreux des volailles. Il y avait chez elle cette distension de la fibre, cette mollasserie des chairs, ce développement des seins. Et ses lèvres, toujours un peu entr'ouvertes, étaient ces lèvres, où le ressort du baiser semble comme cassé.

XXIII

Élisa entrait alors dans une maison de l'avenue de Suffren, vis-à-vis de la façade latérale de l'École-Militaire, en face de ce grand mur jaune, montrant, à toutes ses fenêtres, des bustes de soldats en manches de chemise.

La maison faisait partie d'un pâté de constructions, logeant des industries misérables ou suspectes, flanqué de *bouchons* écrasés sous le nom sonore d'une de nos grandes batailles. C'était d'abord, à l'angle de l'avenue et du boulevard de Lowendal, la boutique loqueteuse d'un brocanteur d'effets militaires. Aux murs, confondus avec d'antiques carricks de cochers de coucou, se balançaient de vieux manteaux rouges de cuirassiers, des vestes pourries de hussards, des pantalons déteints à la doublure de cuir entre les jambes. A travers les carreaux verdis des deux fenêtres, se voyaient vaguement, ainsi que de la boue, du fumier et de la rouille, des plumets, des gants d'armes, des tabliers de sapeur précieusement roulés, des paquets de rasoirs, des bottes d'effilés d'épaulettes, des chapelets de boutons d'uniformes, et des dragonnes de sabre dans des litrons à noisettes. Après le revendeur de la défroque de la Gloire, venait une longue et sinistre maison basse, aux volets hermétiquement fermés, sans une apparence de vie intérieure derrière son mur peint en vert couleur d'eau croupie, où s'étalait superbement : Hôtel de la Victoire. A droite de l'hôtel garni, était appuyée une petite construction en bois, montée avec des matériaux de démolition, sur laquelle on lisait : Au petit bazar militaire. Un invalide y vendait, pendant la journée, des savons, des pommades, des eaux de senteur provenant de la faillite de parfumeries infimes. Le bazar touchait à un marchand de vin annonçant sur sa muraille : *Petit noir à 15 centimes*, et ayant pour enseigne : Au Pont de Lodi. Après un rideau sale, était attachée, par une épingle, une ancienne affiche du théâtre de Grenelle : *Le Monstre magicien*. La cinquième maison, où demeurait Élisa, était la belle maison de l'avenue. Elle avait deux étages. Sa porte d'entrée s'avançait sur la chaussée, décorée de ces verres de couleur qui font l'ornement des kiosques. Les fenêtres du rez-de-chaussée étaient garnies de glaces dépolies à arabesques, les fenêtres de l'entresol étaient fermées par des persiennes vertes. Une teinte claire égayait la façade ; des panneaux peints imitaient de transparentes plaques de marbre. Sur le panneau central, se détachait le numéro figuré par deux énormes chiffres dorés. A la suite de la maison au gros numéro, on apercevait au-dessus d'une brèche, en un vieux mur, un toit de hangar et de grands soleils : entre leurs efflorescences d'or séchait, l'été, du pauvre linge de soldat. Plus loin, dans la continuation du mur, une porte menait à une façade en vitrage sous un auvent de treillage, à un bâtiment de plâtras, rapiécé de planches, qui était un jeu de quilles couvert, pour l'amusement des militaires, les jours de pluie et de neige. Il y avait encore un rustique café de village, portant écrit sur une bande de papier collée à son unique fenêtre : *Au rendez-vous des trompettes*. Puis se dressait un baraquement, où s'était installé un réparateur de vélocipèdes, étalant sur la voie toute sa ferraille roulante, au milieu d'un public d'enfants, traînant dans la poussière, un derrière culotté du rouge d'une vieille culotte de la ligne. Presque aussitôt, commençait une interminable palissade enfermant, dans les terrains non bâtis jusqu'à la Seine, des pierres de taille et des pavés, — une palissade toute noire d'affiches : *A la Redingote grise*.

XXIV

A la nuit, la maison au gros numéro, morne et sommeillante pendant le jour, s'allumait et flambait, par toutes ses fenêtres, comme une maison enfermant un incendie. Dix lustres, multipliés par vingt glaces plaquées sur les murs rouges, projetaient dans le café, dans le long boyau du rez-de-chaussée, un éclairage brûlant, traversé de lueurs, de reflets, de miroitements électriques et aveuglants, un éclairage tombant, comme une douche de feu, sur les cervelets des buveurs. Au fond, tout au fond de la salle resserrée et profonde et ayant l'infini de ces corridors de lumière d'un grossier palais de féerie, confondues, mêlées, épaulées les unes aux autres, les femmes étaient ramassées, autour d'une table, dans une espèce d'amoncellement pyramidant et croulant. Du monceau de linge blanc et de chair nue, s'avançaient, à toute minute, des doigts fouillant à même dans un paquet de maryland commun, et roulant une cigarette. A une des extrémités, une femme assise de côté, les jambes allongées sur la banquette, et soutenant un peu de l'effort de son dos, l'affaissement du groupe, épuçait une chatte, qui tenait une patte raidie arc-boutée sur un de ses seins, dans un défiant et coquet mouvement animal. Un jupon blanc sur une chemise aux manches courtes était toute la toilette de ces femmes, toilette montrant, dans le décolletage d'un linge de nuit et de lit, leurs bras, la naissance de leurs gorges, — chez quelques-unes l'ombre duveteuse du sinus de leurs épaules. Toutes, au-dessus de deux accroche-cœurs, avaient échafaudé une haute coiffure extravagante, parmi laquelle couraient des feuilles de vigne en papier doré. Plusieurs portaient sur la peau du cou — une élégance du lieu — d'étroites cravates de soie, dont les longs bouts roses ou bleus flottaient dans l'entre-deux des seins. Deux ou trois s'étaient fait des grains de beauté avec des pépins de fruits.

La porte-persienne du café commençait à battre. Les pantalons garance cognant leurs sabres-baïonnettes aux tabourets, les hommes à casques trébuchant dans leurs lattes, prenaient place aux tables. A mesure que l'un d'eux s'asseyait, du tas de femmes, une fille se détachait, et chantonnante, et la taille serrée entre ses deux mains, venait se piéter tout contre le nouvel arrivé, laissant déborder, sur le drap de son uniforme, ses nudités molles.

Au comptoir, au milieu des fioles colorées, reflétées dans la grande glace, trônait la maîtresse de la maison. Coiffée d'une magnifique chevelure grise, relevée en diadème et où demeurait encore une jolie nuance blond cendré, la vieille femme, qui avait quelque chose d'une antique marquise de théâtre, était habillée d'une robe ressemblant à une tunique de magicienne : une robe de satin feu avec des appliques de guipure. Debout, un coude posé sur le comptoir, son mari, un tout jeune homme, aux favoris corrects, une grosse chaîne d'or brinqueballant à son gilet, et frêle et charmant dans une veste de chasse, dont le coutil laissait apercevoir aux biceps le *sac de pommes de terre* du savatier, faisait, au bout d'une longue baguette, exécuter des sauts à deux petits chiens savants.

Georges Jeanniot inv. et sc.

ÉMILE TESTARD, ÉDITEUR
Imp. A. Salmon.

Les tables s'emplissaient. Des militaires de toutes armes se tassaient les uns sur les autres. C'étaient des lignards, des zouaves, des artilleurs, des dragons, des carabiniers... Même, à un moment, la porte s'entr'ouvrait, un garçon appelait le maître de la maison, et l'on voyait tirer d'une petite voiture un invalide cul-de-jatte, que les deux hommes déposaient sur la banquette. Et aussitôt entouré de tasses, de verres, et imbibé de café et de liqueurs et de bière, le glorieux tronc tout guilleret, tout branlant sur ses assises de poussah, racontait ses campagnes à la femme qui était venue s'asseoir à côté de lui. Les deux garçons, aux longues moustaches noires, couraient de tous côtés. Les consommations s'accumulaient sur le marbre des tables. La parole devenait bruyante : sur les voix de l'infanterie s'élevaient les voix impérieuses et sonores de la cavalerie. D'un bout de la salle à l'autre, se croisaient dans l'air, par instants, des injures de femmes. Sous les crânes tondus, des ivresses batailleuses montaient aux rouges faces. Il y avait de nerveux remuements d'armes, et le tumulte de la salle grondait comme un bruit de colère.

De l'escalier, menant à l'étage supérieur, descendait quelquefois, avec le grincement de pleurs rageuses, le glapissement d'une vieille s'écriant : « — On croit avoir affaire à des hommes et pas à des lions! » La chaleur devenait étouffante, dans l'atmosphère flamboyante de gaz et de punch, et les gouttes de sueur, sur la peau des femmes, laissaient des traces noires, à travers le maquillage à bon marché.

Les partants étaient remplacés par de nouveaux arrivants, auxquels se mêlaient des hommes en chapeaux gris et en casquettes. Plus tapageuse, plus braillarde continuait l'orgie, en dépit de la somnolence des femmes.

Des femmes se tenaient la tête renversée en arrière, les mains nouées sous leur chignon à demi défait, les paupières battantes, le fauve de leurs aisselles au vent. Parmi les bras qu'on apercevait ainsi tout nus, l'un d'eux portait tatoué en grandes lettres : « *J'aime*, » avec au-dessous le nom d'un homme biffé, raturé, effacé, un jour de colère, dans la douleur et la fièvre d'une chair vive. D'autres femmes, un genou remonté, enserré entre leurs deux bras, et penchées et retournées de l'autre côté, cherchaient à s'empêcher de dormir, en tenant une joue posée sur la fraîcheur du mur.

Un moment, la vue d'une pièce d'or, emportée sur une assiette, par un garçon, secouait l'assoupissement de toutes ces femmes. Chacune, tour à tour, donnait superstitieusement au louis un petit coup de dent. La nuit s'avançait cependant. Les tables peu à peu se vidaient. De temps en temps, un soldat, un peu moins ivre que son camarade, l'empoignait à bras-le-corps, l'arrachait de sa place avec une amitié brutale, et passait la porte en se battant avec lui.

Minuit enfin! Les volets se fermaient, le gaz de la salle était éteint. Il ne restait d'allumé que le lustre du fond, sous la lumière duquel, poussés et soutenus par les femmes qui leur tenaient compagnie, se serraient deux ou trois ivrognes indéracinables, bientôt rejoints par des noctambules de barrières, qu'introduisait à toute heure la sonnette de nuit.

Alors dans les ténèbres emplissant la salle du café, près la porte du jour, dans une obscurité épaisse de la fumée du tabac et des molécules de la suante humanité renfermée là toute la soirée, on voyait les femmes avec des mouvements endormis, ayant et l'affaissement et la couleur grisâtre d'un battement d'aile de chauve-souris blessée, s'envelopper de tartans, de vieux châles, de la première loque qui leur tombait sous la main, cherchant les banquettes aux pieds desquelles il y avait moins de crachats. Là-dessus elles s'allongeaient inertes, brisées, épandues, ainsi que des paquets de linge fripé, dans lesquels il y aurait la déformation d'un corps qui ne serait plus vivant. Aussitôt, elles s'endormaient, et, endormies, étaient de temps en temps réveillées par leurs propres ronflements. Un moment retirées de leurs troubles rêves, elles se soulevaient sur le coude, regardaient stupides.

Dans le cadre lumineux du fond, sous les trois Grâces en zinc doré du calorifère, des pochards gesticulaient entre deux ou trois de leurs compagnes, assises sur des chaises à califourchon, sommeillant la tête posée sur le dossier, les jupes remontées jusqu'à mi-cuisses.

Se ressouvenant, les dormeuses retombaient sur la banquette, et là passaient la nuit jusqu'au jour, jusqu'à quatre heures du matin, où elles allaient se coucher dans leurs lits.

XXV

Cette vie nocturne, cette vie éreintante, cette vie prodigue de son corps, Élisa la préféra, tout de suite, à la tranquillité épicière, à la claustration monotone, au train-train bonasse des établissements affectés aux *pékins*. Dans la fadeur d'une existence en maison publique, là au moins, le pandémonium des nuits mettait, autour de la prostituée, le bruit de sa distraction étourdissante, un bruit capiteux qui la grisait, comme avec du vin.

Élisa se prenait encore à aimer le tapage militaire, que faisait tout le jour le quartier tambourinant, — et ces sonneries de clairons de l'École-Militaire, réveillant soudain la fille de ses somnolences écœurées.

XXVI

L'origine des femmes, se succédant dans la maison de l'avenue de Suffren, était diverse. Le plus grand nombre venait du quartier Latin. D'anciennes danseuses de Bullier et du Prado, des ci-devant habituées de la rôtisserie de la rue Dauphine, auxquelles n'avait point souri *la chance*, et qui de leur passé d'étudiantes, de leur existence à la flamme des punch, avaient conservé les habitudes d'une vie tapageuse, aux nuits blanches. Quelques-unes avaient été embauchées en province. D'autres, de dégringolade en dégringolade, étaient tombées là, n'ayant pu se maintenir dans les quartiers riches, par un certain manque d'éducation, une absence de tenue, le plus souvent tout simplement par la gêne, que beaucoup de femmes de basse extraction ne peuvent jamais perdre, quand elles se trouvent en contact avec les hommes des classes supérieures. De cela, il ne faudrait pas croire que, dans cette maison, il y eût une émulation de mauvais ton et de crapulerie. C'était le contraire. La fille, — on le sait en ces endroits, — ne parle pas aux sens du peuple avec des paroles ordurières, avec des gestes obscènes, avec l'apparence arsouille. Dans ce qu'il aime à lire, dans ce qu'il va voir au théâtre, dans ce que ses amours cherchent dans les lieux de plaisir, l'homme du peuple n'est pris, n'est séduit, que par une convention d'élégance, un simulacre de distinction, une comédie de maniérisme, un *chic* tel quel de bonne éducation : la réalité ou la simulation d'un ensemble de choses et de qualités plus délicates que celles qu'il rencontre chez les mâles et les femelles de sa classe. Ce qui, sous le nom de la *fille crottée*, excite parfois le vice d'un monsieur, fait horreur au vice de la plèbe. Aussi, en dehors des échappées de la colère ou de l'ivresse, les femmes jouent là, tout le temps, auprès de ces hommes rudes et mal embouchés, la douceur du geste, la caresse de la voix, le « comme il faut » de la personne. Leur bouche n'a pas de gros mots, leur impudeur naturelle vise à n'être pas cynique. Il y a, chez elles, un travail pour représenter, selon leurs moyens, autant qu'elles le peuvent, un certain « bon genre ». Et il arrive ceci qui mérite d'être médité : dans les maisons de la haute prostitution, les filles trouvent le succès dans l'affectation du genre *canaille*, tandis que dans les maisons de la basse prostitution, c'est l'affectation du genre *distingué* qui fait l'empoignement des hommes venant s'asseoir dans la salle basse.

XXVII

Neuf femmes, qui n'étaient guère connues que sous des noms de guerre, composaient, lors de l'entrée d'Élisa, le personnel de la maison.

Marie *Coup-de-Sabre*, une corpulente brune, légèrement moustachue, devait son surnom à une estafilade qu'elle avait reçue dans une rixe. Séduite dans son pays par un dragon, elle l'avait suivi à l'état vaguant de ces femmes, qui s'attachent à un régiment, et campent à la belle étoile autour de la caserne, nourries, la plupart du temps, d'un morceau de pain de munition apporté sous la capote. Plus tard elle avait vécu et vécu seulement dans des maisons de villes de garnison. Marie *Coup-de-Sabre* représentait le type parfait de la fille à soldat. Pour elle les bourgeois, les *pékins* étaient comme s'ils n'existaient pas. Il n'y avait d'hommes, à ses yeux, que les hommes en uniformes. Toutefois, pleine d'un certain dédain pour le fantassin, et mettant son orgueil à ne pas frayer avec l'infanterie, il lui semblait déroger en acceptant le *mêlé* d'un *troubade*. La tête, les sens de Marie *Coup-de-Sabre* ne se montaient qu'en l'honneur de la cavalerie. Seuls, les hommes à casques et à lattes lui apparaissaient, comme l'aristocratie guerrière, uniquement digne de ses faveurs et de ses complaisances.

La conversation de Marie *Coup-de-Sabre* était habituellement émaillée de locutions militaires. Et toujours, après deux ou trois éclats de voix barytonnante, avec lesquels elle cherchait à ressaisir la logique avinée de ses idées, elle commençait ses récits par cette phrase : « Mais ne nous entortillons pas dans les feux de file, pour lors... »

Glaé, par abréviation d'Aglaé, la femme au bras tatoué, aux beaux yeux, était une faubourienne de Paris. Elle avait commencé, disait-elle, par *faire Pygmalion*.

— Tu étais employée dans les magasins?...
— Non, je me promenais devant, et j'avais tout à côté une chambre que je louais cinq francs, de six heures à minuit.

Glaé racontait alors qu'elle avait habité ensuite la rue des Moulins, puis le quartier Latin, mais qu'à tous moments, pour des riens, pour des bêtises, *soufflée* par les agents de police et mise à l'ombre, elle avait renoncé à sa liberté.

Glaé apparaissait comme l'intelligence et la gaieté de l'endroit, avec une élégance, dans le corps, d'ancienne danseuse de bal public.

Augustine venait aussi du quartier Latin. Elle avait fait successivement la *Botte-de-Foin*, les *Quatre-Vents*, la barrière du Maine. Cette petite femme, on l'aurait crue enragée. Du matin au soir, il sortait d'elle un dégoisement de sottises, un vomissement d'injures, un engueulement enroué, qui avait quelque chose du jappement cassé de ces molosses assourdissants que promènent, dans leurs voitures, les garçons bouchers. Du reste Augustine avait le physique d'un dogue, une figure courte et ramassée, de petits yeux bridés, des pommettes saillantes, un nez écrasé, des dents que la lime avait séparées et qui ressemblaient à des crocs. Augustine tenait l'emploi d'orateur poissard de la maison.

Madame, qui manquait de platine, la mettait en avant, dans de certaines occasions, pour abrutir les payes récalcitrantes. Augustine inspirait un mélange d'admiration et de crainte aux autres femmes, qui la laissaient jouir, sans conteste, d'immunités particulières. On l'appelait : *Raide-Haleine*.

Peurette, — personne n'avait jamais su si c'était un surnom ou son vrai nom, — une toute jeune fille, presque une fillette. Elle avait un minois grignotant de souris, de petits yeux noirs effarouchés, et continûment dans le corps le remuement qu'aurait pu y mettre un cent de puces. *Peurette* ne voyait dans son métier que cela : la possibilité de se faire payer des consommations, beaucoup de consommations. Rien n'était plus drôle que de la voir au café, avec les coups de coude solliciteurs, la voix chuchotante des enfants, qui mendient tout bas quelque chose, implorer de l'homme, auprès duquel elle était assise, un café, une grenadine, une bière, des marrons, n'importe quoi se mangeant ou se buvant. Et aussitôt la chose *carottée* et avalée, de passer à une autre, avec la convoitise entêtée d'un désir de gamine. Rien ne pouvait assouvir cette soif et cette capacité de consommation ; on eût pu lui offrir dans une nuit tout le liquide du comptoir qu'elle n'eût jamais dit : Assez.

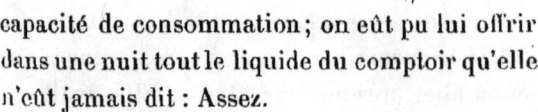

Peurette n'avait pas non plus sa pareille pour faire disparaître, dans l'entre-deux de ses seins, tous les petits paquets de tabac traînant sur les tables.

Gobe-la-lune! — Le surnom de cette prostituée d'un certain âge qui n'avait pas de nom, proclamait sa faiblesse d'esprit. L'exploitation à tout jamais consentie de son corps par une autre dénote, chez une femme, une absence de défense dans la bataille des intérêts. La femme qui a un peu de *vice* s'émancipe, tôt ou tard, de la tutelle d'une maîtresse de maison, et travaille pour son compte. La femme qui ne sait pas sortir du lupanar est toujours un être inintelligent. Les médecins, qui ont la pratique de ces femmes, vous peignent l'interrogation stupide de leurs yeux étonnés, de leurs bouches entr'ouvertes, à la moindre parole qui les sort du cercle étroit de leurs pensées. Ils vous les montrent vivant dans un nombre si restreint de sentiments et de notions des choses, que leur état intellectuel avoisine presque le degré inférieur, qui fait appeler un être humain : un innocent. Eh bien, parmi les basses intelligences de la maison, *Gobe-la-lune* était encore une intelligence au-dessous des autres.

On pouvait se demander si elle avait un cerveau ayant le poids voulu, pour qu'il s'y fît la distinction du bien et du mal, si elle avait une conscience où pouvait se fabriquer un reproche ou un remords, si enfin l'espèce d'idiote, toujours souriante qu'elle était, même au milieu des mauvais traitements, était responsable de sa vie.

Cette infériorité faisait, de *Gobe-la-lune*, le souffre-douleur, le martyr de l'endroit. Les femmes, non contentes des féroces mystifications qu'elles lui faisaient subir toute la journée, se donnaient le mot pour la livrer, — histoire de rire, —  aux ivresses les plus mauvaises, aux amours les plus inclémentes.

Mélie, dite *la Chenille*, avait été d'abord la petite fille vendant, le jour, aux abords de la halle, la marée, la noix verte, vendant, le soir, dans les rues désertes, du papier à lettres; et, bien avant d'être formée, déjà dépravée, pourrie, gangrenée. Ramassée tous les six mois par la police et retirée par un père complaisant, tantôt du Dépôt où elle corrompait les petits garçons, tantôt de Saint-Lazare après une guérison plâtrée, *Mélie* était de la race perverse de ces *fillasses* de Paris qui sèchent de n'être point *assermentées*, et qui, détestant les jours qui les séparent de l'accomplissement de leur seizième année, se fabriquent, ainsi que d'autres se font de faux titres d'honneur, se fabriquent, dans une infâme gloriole, de fausses cartes de filles.

La seconde jeunesse de *Mélie* s'était passée à Vincennes.

Une longue créature blondasse, larveuse, fluente, qui se terminait par une toute petite tête en boule. Le cheveu rare, les yeux bleu de faïence, entre des paupières humoreuses, un petit nez en as de pique, pareil au suçoir que les ivoiriers japonais donnent à la pieuvre, de gros bras martelés de rougeurs avec, au bout des mains, des doigts plats et carrés : telle était *Mélie*, dite *la Chenille*, dont la peau mettait de suite, au linge qu'elle touchait, une crasse saumonée, et dont la parole, qu'on n'entendait pas plus qu'un souffle enrhumé, paraissait frapper la voûte sourde d'un palais artificiel.

La Cérès, ainsi baptisée par un caporal qui avait fait ses humanités, arrivait de province. Une grande et fluette fille, à laquelle sa taille plate de paysanne donnait un étrange caractère de chasteté. Sous des cheveux rebelles qu'elle piquait de fleurs, elle avait un beau rayonnement, un rien sauvage, du haut de la figure. Peu communicative, et se tenant à l'écart de ses compagnes, toute la soirée, on la voyait, du pas irrité d'un animal en cage, aller d'un bout à l'autre de la salle longue, avec de petits bougonnements entre les dents, tout en tricotant, d'un air farouche, un bas blanc.

Une autre femme faisait l'achalandage et l'amusement de l'établissement. C'était une négresse, qui gardait encore, mal cicatrisé, le trou de l'anneau qu'elle avait porté dans le nez, sur la côte de la Guinée. Le large rire blanc de sa face noire, sa parole enfantine, ses gambadantes *bamboula*, l'animal hilare et simiesque qui était dans cette excentrique peau humaine, donnaient à rire aux hommes et aux femmes. Elle avait été surnommée *Peau de casimir*, en raison de l'identité de la sensation qu'on éprouve à passer sa main sur la peau d'une négresse ou sur un morceau de drap fin.

Il y avait encore, dans la maison de l'avenue de Suffren, Alexandrine *Phénomène*.

XXVIII

Alexandrine était une femme de trente ans, aux chairs lymphatiques, presque exsangues. Cette femme avait, chaque mois, une migraine affreuse, et, tout le demeurant du temps, une susceptibilité nerveuse qui la mettait hors d'elle-même, à propos du froissement d'un papier, à propos de la répétition d'un refrain de chanson, à propos de rien et de tout. Cette exaspération habituelle d'Alexandrine ne se traduisait pas, ainsi que chez ses pareilles, par des injures, des violences. Tout à coup, sans qu'on sût pourquoi, Alexandrine se jetait à terre, et, se ramassant sur elle-même, les yeux fermés, les oreilles bouchées de ses deux mains, elle restait des heures en un accroupissement immobile, avec de petits tressaillements lui courant le corps, pendant qu'on disait autour d'elle : « Alexandrine, elle passe sa *frénésie!* »

Dans un orage, où le tonnerre tomba deux fois sur l'École-Militaire, toutes les femmes, folles de peur, s'étaient réfugiées à la cave, cherchant l'obscurité, s'enfonçant la tête dans les recoins les plus noirs. Élisa et Alexandrine se tenaient aplaties dans la nuit d'un entre-deux de portes. Mais là, dans les pleines ténèbres de l'étroit réduit, il sembla à Élisa qu'il continuait à éclairer; elle ferma les yeux, les rouvrit peureusement, s'étonna de voir une luminosité sur les cheveux d'Alexandrine, instinctivement les toucha, éprouva comme un picotement au bout des doigts.

— Ah! mon chignon! dit Alexandrine, tu ne savais pas cela? oui, c'est comme le dos d'un chat, quand on lui passe dessus la main à rebrousse-poil... mais tu n'as rien vu, tu vas voir tout à l'heure!

L'orage fini, les deux femmes montèrent dans la chambre d'Élisa. Les volets fermés, l'obscurité faite dans la petite pièce, Alexandrine assise sur le pied de son lit, Élisa commença à passer son peigne dans les cheveux de son amie qui se mirent à crépiter, à étinceler, à répandre bientôt, dans la petite cellule, une lueur assez vive, pour qu'on vît très distinctement le zouave, — le petit pantin à la calotte et aux braies rouges, — qu'alors, dans toutes les maisons à soldats, les filles avaient comme l'ornement de leur glace.

Dès lors, tous les jours, sur les deux heures, Alexandrine montait dans la chambre d'Élisa. Il y avait d'abord, de la part d'Alexandrine, une résistance, des « encore un moment », des mains repoussant faiblement le peigne, un retardement de l'opération, comme d'une chose que la femme aux cheveux électriques redoutait, appréhendait, et cependant appelait. A la fin Alexandrine se laissait faire. Élisa commençait à caresser à la surface, et seulement de l'effleurement du peigne, les cheveux, qui peu à peu devenaient phosphorescents, pendant que la femme peignée se débattait, avec de petits bâillements, contre le sommeil qui faisait toutes lourdes ses paupières.

Le peigne, plus rapide, entrait plus profondément dans les cheveux, des cheveux châtains, des cheveux très fins, et, à chaque coup, les mèches, se redressant, s'écartaient avec des colères sifflantes, du bruit, qui jetait des éclairs. A voir jaillir ces étincelles, Élisa prenait un plaisir qu'elle n'aurait pu dire, et elle peignait toujours d'une main plus vite, plus volante. Au bout d'un quart d'heure, la chevelure d'Alexandrine, droite derrière sa nuque, comme l'ondulation d'une longue vague, était une chevelure de feu, divisée par des raies noires : les dents du peigne de corne passant et repassant, dans l'incendie pétillant. Alors Élisa, à la fois effrayée et charmée, prenait dans ses mains ces cheveux de flammes, longuement les maniait, les tripotait, les assouplissait, sentant, pendant ce, de petites secousses électriques lui remonter du bout des doigts jusqu'aux coudes. Puis, instantanément, comme sous le coup d'une inspiration subite, elle échafaudait, dans la chevelure lumineuse, une étrange et haute coiffure, où demeurait quelque chose de la vie diabolique de ces cheveux.

Alexandrine, elle, se réveillait dans un étirement où son corps semblait se fondre, regardant devant elle, dans le noir de la chambre, avec des yeux ardents.

De cette heure passée ensemble, tous les

jours, de ces séances bizarres, de ce commerce extraordinaire, de ce dégagement de fluide, il était né entre ces deux femmes un lien mystérieux, comme il en existe dans les métiers qui touchent au surnaturel, une attache semblable à celle qu'on remarque entre le magnétiseur et la somnambule.

XXIX

En ce temps de guerre, de guerre heureuse pour la France, à cette heure, où le dernier de nos *pousse-cailloux* avait la crânerie, le port conquérant, la belle insolence que donne la Victoire, le plus grand nombre des femmes habitant l'avenue de Suffren y étaient attirées par le prestige du fier uniforme, de cet habit de gloire, qu'il porte des épaulettes de laine ou d'or. Mais cette magie de l'habit militaire sur la femme n'était pas tout là, et le goût de la prostituée à l'endroit du soldat, — goût qui s'atténue cependant aux époques de paix et de défaite, — s'explique, en tout temps, par un certain nombre de causes se résumant en une seule : pour le soldat, la prostituée reste une femme.

Avec le tact des choses d'amour que possèdent les natures les plus grossières, dans le soldat

qui vient s'attabler au café, la prostituée
perçoit un homme venu là pour elle, pour ce
qu'elle garde de la créature d'amour dans sa
dégradation. Elle est pour cet homme l'intérêt
passionnant, la séduction captivante du lieu, et
non, ainsi que pour les casquettes et les chapeaux mous, l'assaisonnement polisson d'une
soirée de *loupe*.

Le soldat l'aime avec jalousie. Le soldat partage avec elle son sou de l'État. Le soldat la
promène avec orgueil. Le soldat lui écrit...
Dans la démolition d'une maison de la Cité, un
paquet de lettres, trouvé dans les décombres,
me fut apporté. Toutes les lettres étaient des
lettres de soldats.

Il est peut-être parfois brutal le soldat, ses
caresses ressemblent à la large tape dont il
flatte les flancs de sa jument. Ses fureurs amoureuses rappellent souvent les violences du rapprochement de certains animaux. Tout dans les
manifestations de son être est brusque, tempétueux, exaspéré. Mais le soldat n'apporte pas,
dans ses amours, l'ironie de l'ouvrier ou du
petit bourgeois vicieux : un certain rire gouailleur appartenant en toute propriété aux civils.

Dans ses rapports avec le soldat, la fille se sent presque une maîtresse; avec les autres, elle n'est qu'une mécanique d'amour, sur laquelle c'est souvent un plaisir de *crachoter*.

Le soldat dans sa vie de discipline, d'obéissance, de foi au commandement, et sans lectures, et sans l'exercice des facultés critiques de la raison, demeure plus homme de la nature que dans l'existence ouvrière des capitales; ses passions sont plus franches, plus physiques, plus droitement aimantes. Puis on n'a pas remarqué que le soldat a très peu de contact avec la femme. Il n'est pas marié le soldat, il n'a pas de famille le soldat. Il n'a autour de lui, ni une mère, ni une sœur, ni un jupon et l'attrait pur de ce jupon; la douce mêlée de l'autre sexe, répandu dans tous les intérieurs, n'existe pas pour le soldat. Son existence de caserne est la seule existence où l'homme qui n'est pas un prêtre vit toujours avec l'homme, rien qu'avec l'homme. De là, par le fait de cette absence, pendant son temps de service, de tout élément féminin, la puissance et la prise sur le soldat de la femme, vers laquelle se portent, à la fois, la furie d'appétits sensuels et une masculine tendresse qui n'a pas d'issue. De là aussi, parmi les femmes, l'ascendant de la prostituée. Car, il faut bien le dire, pour ces paysans, sur le corps desquels la tunique a remplacé la blouse, ces créatures avec le linge fin qu'elles ont au dos, avec leurs cheveux qui sentent le jasmin, avec le rose de leurs ongles au bout de mains qui ne travaillent pas, avec l'enlacement de leurs gestes, avec la douceur *chatte* de leurs paroles, avec ce fondant de volupté qu'on ne trouve pas au village, ces créatures entrevues dans le feu du gaz et des glaces, et comme servies par l'établissement dans une espèce d'apothéose, ont la fascination des grandes courtisanes et des comédiennes sur les autres hommes. Le soldat, le marin les emportent au fond de leur pensée, et dans les rêveries silencieuses des nuits du désert, des nuits de l'Océan, dans le recueillement concentré des heures de souffrance et de misère, la vision de ces femmes lumineuses leur revient. Ils les revoient embellies par une imagination qui fermente. Le délire de leur tête fabrique la petite chapelle où s'installe, dans tout cerveau humain, l'image d'amour ou de religion. Puis, quand ils les retrouvent, un peu de l'idéal et du mensonge du rêve est attaché à ces filles, et leur profite auprès de ces hommes.

N'y aurait-il point encore entre la fille et le soldat, les obscures ententes et les mystérieuses chaînes, qui se nouent entre les races de parias?

Et toutes les propensions, entraînant le soldat à aimer la prostituée, sollicitent la prostituée à rendre au soldat amour pour amour.

ÉMILE TESTARD ÉDITEUR
Imp. A. Salmon

XXX

Chaque lendemain du jour de la sortie d'une fille avec son amant était rempli, toute la journée, des récits interminables de la partie de la veille, écoutés avec des remuements sur les chaises, comme si les camarades se payaient un avant-goût du plaisir qu'elles prendraient la quinzaine suivante. Pendant l'hiver, l'histoire était presque toujours la même, l'histoire d'une soirée au *Bal des deux Éléphants*, un bal du boulevard Montparnasse, qui avait la spécialité de donner à danser aux femmes des maisons mal famées. Mais, l'été venu, il fallait entendre la fille, grisée de sa journée passée au grand air, raconter son amusement de la veille chez Bélisaire, *Au Grand Peuplier*, à l'île Saint-Germain.

Un coin de Seine, à la berge couverte de la

tripaille pourrissante des barbillons; sous un rond de grands noyers, un cabaret de plâtre aux volets peints en ocre; tout autour un grouillement d'animalité; à droite et à gauche, dans l'enchevêtrement noir de vieux sureaux, des bosquets pleins de batteries; çà et là, et partout, l'aubergiste de la clientèle, le terrible Bélisaire; pour servir le monde des *quarteyeux* — les mariniers rameurs touchant le quart du coup de filet; — au beau milieu de l'herbe foulée, une mécanique étrange : sur un tronc d'arbre coupé à hauteur d'homme, posées l'une sur l'autre et se croisant à angles droits, deux poutres à peine équarries, ayant, à chacun de leurs bouts, une tige de fer rondissant en forme de dossier; un engin barbare à la tournure d'un instrument de supplice primitif.

Ce cabaret, la fille le peignait à ses compagnes avec des mots à elle, où il y avait encore du gaudissement intérieur, apporté au fond de son être par cette campagne violente. Ses paroles aussi exprimaient tumultueusement un sentiment de délivrance, la délivrance de cette main policière, éternellement suspendue sur les femmes de son espèce, délivrance qu'elle ne sentait que là, seulement là, sur ce morceau de terre, entouré d'eau de toutes parts, et où les gendarmes n'aimaient pas à se risquer. Elle disait le bonheur fou, qu'elle éprouvait à demi ivre, assise à cru sur le tape-cul-balançoire, et en danger de se tuer à tout moment, d'être emportée dans une rapidité qui donnait le vertige à son ivresse. Elle énumérait les poules, les canards, le mouton, le cochon, le chien de berger dressé à sauter du peuplier dans l'eau. Elle n'en finissait pas sur sa bataille, à coups d'ombrelle, avec le grand dindon, l'ennemi des femmes, qui, gloussant furibondement, et la crête sanguinolente, passait tout le jour à les poursuivre de son bec puissant, — le grand dindon blanc, nommé Charles X.

Toutes les femmes la laissaient parler, souriant déjà à la pensée d'être prochainement « avec leur soldat » chez Bélisaire, de se faire poursuivre par Charles X. Seule Élisa ne témoignait ni désir ni curiosité de connaître le *Bal des deux Éléphants*, de connaître le cabaret du *Grand Peuplier*. Et il y avait un sujet d'étonnement pour toutes les filles de la maison, dans les habitudes casanières de cette compagne, amusée de coiffer Alexandrine tous les jours, ne prenant jamais de sortie, n'ayant pas donné jusque-là à un homme le droit de *passer devant la glace :* une expression qui désigne l'entrée de faveur accordée, par la maîtresse d'une maison, à l'amant d'une fille.

XXXI

L'amour chez Élisa n'avait guère été qu'un travail, un travail sans beaucoup plus d'attraits que les gagne-pain avec lesquels la pauvreté de la femme conquiert le boire et le manger. Depuis quelques années, à travers des malaises bizarres, ce travail, où les sens d'Élisa ne prirent jamais qu'une part assez froide, commençait à lui coûter un peu, un peu plus tous les jours. Élisa n'était point ce qu'on appelle malade, non! mais son corps, à l'improviste, appartenait, tout à coup, à des sensations instantanées et fugaces, dont elle n'était pas la maîtresse. Subitement, des frémissements se mettaient à s'émouvoir en elle, la renversant, avec des doigts qui se crispaient, quelques secondes, sur le dossier de sa chaise, la laissant, après leur passage et leur fourmillement

long à mourir, dans une langueur brisée, dans
l'énervement d'une fatigue qui ne pouvait se
tenir tranquille. Parfois le trouble produit par
ces sortes d'ondes, de courants, qui lui paraissaient bouillonner en elle, était si grand qu'on
aurait dit la vie un moment suspendue chez
Élisa... Elle était prise d'envies de pleurer qui
n'avaient pas de motifs, elle se surprenait à
pousser subitement de longs soupirs qui se terminaient par un petit cri ; parfois même, elle
éprouvait un resserrement douloureux du
gosier, qui lui faisait, une minute, l'effet de se
durcir dans son cou. Elle avait enfin des répulsions singulières. En ses rares sorties, quand
elle se trouvait avoir à passer devant la boutique d'un épicier, soudain, elle descendait du
trottoir et traversait de l'autre côté de la rue ;
un jour qu'elle mangeait d'un entremets où se
trouvait de la cannelle, elle avait une indigestion avec des espèces de convulsions. C'était,
continuellement, une succession de petites agitations, de petites inquiétudes, qui ne lui paraissaient pas toujours absolument et tout à fait
être des souffrances dans son corps, mais parfois lui semblaient les vertiges d'une *tête en*

tourment : des souffrances dont l'étrangeté apportait un peu d'effroi à la femme du peuple, troublée d'éprouver des choses qu'elle n'avait jamais ressenties ou vues dans ses maladies, dans les maladies des autres. Aussi était-elle chagrine, et, quand elle n'était pas très triste, elle ne pouvait toutefois se débarrasser d'un certain mécontentement de tout et de l'anxiété d'imaginations absurdes. Élisa ne se disait pas malade, elle se disait *ennuyée :* se servant de ce terme indéfini, qui, dans le peuple, ne signifie pas le léger ennui du monde, mais indique, chez l'être qui l'emploie, un état vague de souffrance, de trouble occulte de l'organisation, de tristesse morale, — une disposition hypocondriaque de l'âme blessée à voir la vie en noir. Chez la fille d'amour, atteinte, sans qu'elle le sût, aux endroits secrets de son sexe, il y avait certains jours, où, en dépit de sa volonté et de la violence qu'elle se faisait, il y avait, de la part de son corps, une répugnance insurmontable et comme un soulèvement de dégoût et d'horreur pour sa tâche amoureuse dans la maison.

Chose rare dans une telle profession ! Élisa, surtout depuis sa fréquentation avec Alexan-

long à mourir, dans une langueur brisée, dans
l'énervement d'une fatigue qui ne pouvait se
tenir tranquille. Parfois le trouble produit par
ces sortes d'ondes, de courants, qui lui paraissaient bouillonner en elle, était si grand qu'on
aurait dit la vie un moment suspendue chez
Élisa... Elle était prise d'envies de pleurer qui
n'avaient pas de motifs, elle se surprenait à
pousser subitement de longs soupirs qui se terminaient par un petit cri ; parfois même, elle
éprouvait un resserrement douloureux du
gosier, qui lui faisait, une minute, l'effet de se
durcir dans son cou. Elle avait enfin des répulsions singulières. En ses rares sorties, quand
elle se trouvait avoir à passer devant la boutique d'un épicier, soudain, elle descendait du
trottoir et traversait de l'autre côté de la rue ;
un jour qu'elle mangeait d'un entremets où se
trouvait de la cannelle, elle avait une indigestion avec des espèces de convulsions. C'était,
continuellement, une succession de petites agitations, de petites inquiétudes, qui ne lui paraissaient pas toujours absolument et tout à fait
être des souffrances dans son corps, mais parfois lui semblaient les vertiges d'une *tête en*

tourment : des souffrances dont l'étrangeté apportait un peu d'effroi à la femme du peuple, troublée d'éprouver des choses qu'elle n'avait jamais ressenties ou vues dans ses maladies, dans les maladies des autres. Aussi était-elle chagrine, et, quand elle n'était pas très triste, elle ne pouvait toutefois se débarrasser d'un certain mécontentement de tout et de l'anxiété d'imaginations absurdes. Élisa ne se disait pas malade, elle se disait *ennuyée :* se servant de ce terme indéfini, qui, dans le peuple, ne signifie pas le léger ennui du monde, mais indique, chez l'être qui l'emploie, un état vague de souffrance, de trouble occulte de l'organisation, de tristesse morale, — une disposition hypocondriaque de l'âme blessée à voir la vie en noir. Chez la fille d'amour, atteinte, sans qu'elle le sût, aux endroits secrets de son sexe, il y avait certains jours, où, en dépit de sa volonté et de la violence qu'elle se faisait, il y avait, de la part de son corps, une répugnance insurmontable et comme un soulèvement de dégoût et d'horreur pour sa tâche amoureuse dans la maison.

Chose rare dans une telle profession ! Élisa, surtout depuis sa fréquentation avec Alexandrine, était devenue un sujet, en lequel avait lieu une série de phénomènes hystériques, appartenant à cet état maladif de la femme qui n'a pas encore de nom, mais qu'on pourrait appeler : « l'horreur physique de l'homme ». Dans la lutte douloureuse et journalière des exigences de sa vie, avec le rébellionnement de ses os, de sa chair, il venait vaguement à la prostituée l'idée de quitter le métier, et peut-être l'eût-elle déjà fait, sans cette dette, sans cette chaîne, au moyen de laquelle les maîtresses de maisons ont l'art de retenir à tout jamais dans la prostitution les femmes tentées de l'abandonner.

XXXIII

Elle aima avec les tendresses amassées dans un vieux cœur, qui n'a point encore aimé.

Elle aima avec l'aliénation d'un cerveau, comme frappé d'une folie de bonheur.

Elle aima avec des délicatesses, qu'on ne suppose pas exister chez ces créatures.

Elle aima avec les douleurs révélées dans cette phrase d'une fille à un inspecteur de police : « M'attacher à un homme, moi... jamais, il me semble que le contact de ma peau le souillerait. »

Car chez cette femme, ayant, par moments, le vomissement de l'amour physique, c'était un supplice de se livrer « au petit homme chéri », ainsi qu'aux passants auxquels elle se vendait, de lui apporter dans l'acte charnel les restes de tous, de le salir enfin, comme disait cette autre, de la publicité de son contact.

Elle eût voulu l'aimer, être aimée de lui, rien qu'avec des lèvres qui embrasseraient toujours.

Et continuellement sa tête, dans l'élancement pur d'un rêve chaste, forgeait, entre elle et le *lignard* aux fleurs, des amours avec des tendresses ignorantes, avec des caresses ingénues, avec des baisers innocents et doux, baisers qu'elle se rappelait avoir reçus autrefois toute petite fille, d'un amoureux de son âge.

Elle avait honte vraiment de dire cela à un soldat.

Mais bien souvent la révolte secrète de son corps, se dérobant aux ardeurs amoureuses de son amant, se traduisait en des résistances emportées, rageuses, toutes voisines des coups, et qui paraissaient singulières à cet homme, venant de la part de cette femme, qu'il savait, qu'il sentait l'adorer.

XXXIV

Dès lors, il n'y eut plus dans la pensée d'Élisa que l'attente de son jour de sortie avec son soldat.

Pendant des heures, avant l'une de ces sorties, Élisa parlait à ses compagnes, avec une effusion fiévreuse et bavarde, du plaisir qu'elle allait avoir à passer toute une journée avec « son petit homme chéri », de la fête qu'elle se faisait de se promener avec lui dans la campagne, bien loin dans la campagne. Il y avait un vieux baromètre chez Madame; la veille elle montait deux ou trois fois dans sa chambre, pour voir si le capucin se décidait à ôter son capuchon.

Le matin elle s'habillait longuement, et cependant se trouvait prête, longtemps avant que son amant arrivât.

Elle partait enfin sous les regards de toutes les femmes de la maison, la suivant de l'œil, derrière les persiennes fermées.

Une main, la paume appuyée à plat sur sa hanche droite et les cinq doigts enserrant la moitié de sa taille mince, Élisa marchait avec un coquet hanchement à gauche, une ondulation des reins qui, à chaque pas, laissait apercevoir un rien de la ceinture rouge, attachant en dessous sa jupe lâche.

Elle trottinait ainsi, un peu en avant de l'homme, la bouche et le regard soulevés, retournés vers son visage.

Elle était nu-tête, le chignon serré dans un filet que traversaient les petites boules d'un grand peigne noir, tandis que le reste de ses cheveux, laborieusement frisés et hérissés, lui retombait sur le front comme une touffe d'herbes. Elle avait un caraco de laine noire avec une bordure d'astracan à l'entournure des manches, et sa jupe de couleur balayait la poussière de grands effilés, appliqués sur l'étoffe, ainsi que des volants. Un petit châle d'enfant, de laine blanche aux mailles tricotées, se croisait autour de son cou, attaché par une broche d'argent où l'on voyait une pensée en émail. Et elle tenait de sa main restée libre, par une habitude particulière aux femmes de maison, un petit panier de paille noire.

Dans cette toilette, malgré les taches de rousseur, si pressées sur son blanc visage qu'elles le tachaient comme des maculatures d'un fruit pierreux, Élisa semblait cependant jolie, d'une beauté où se mêlaient au rude charme canaille de la barrière, la mignonnesse de son nez et de sa bouche, le blond soyeusement ardent de ses cheveux, le bleu de ses yeux restés, comme aux jours de son enfance, *angéliquement clairs*.

. . . .
. . . .
. . . .
. . . .

Le soir, quand Élisa rentrait, à la nuit tombée, elle se glissait dans la cuisine. Elle se sentait froid, et demandait, — la journée avait été cependant très chaude, — qu'on lui allumât un cotret. Elle restait silencieuse, les mains tendues vers la flambée qui les faisait transparentes.

Marie *Coup-de-Sabre*, descendue, dans le moment, chercher une cafetière d'eau chaude, regardant par hasard les mains d'Élisa, remarquait que, sous les ongles, il y avait une petite ligne rouge, *comme aux ongles des femmes qui ont fait des confitures de groseilles dans la journée.* (Déposition du témoin.)

LIVRE DEUXIÈME

XXXV

Au milieu d'hommes, de femmes, d'enfants, d'une foule amassée, en une minute, dans la gare, un garde municipal avait fait monter la fille Élisa dans un wagon portant : *Service des Prisons*. Cette foule, un petit oiseau envolé à tire-d'aile, du toit du wagon, à l'ouverture de la portière, les yeux de la condamnée voyaient cela vaguement, et aussi les barreaux peints en imitation sur la voiture.

. . . .

. . . .

« Elle était, là bien vraiment, graciée *pour de bon*. La guillotine ne lui couperait pas le cou. Son corps, en deux morceaux, ne serait pas couché dans la froide terre, qu'elle voyait couverte de neige... Demain, avant le jour, les curieux battant la semelle sur la place de la Roquette, en attendant son exécution, ne la réveilleraient plus... Elle vivrait !...

« Oui, le train était parti... Elle s'éloignait de la place de la mort... On ne voulait pas décidément la faire mourir. Au fait, qu'est-ce qu'on lui avait dit là-bas... elle n'avait compris qu'une chose, c'est qu'elle ne mourrait pas... Ah ! maintenant elle se rappelait. Une cloche, qu'on avait baptisée, dans une paroisse, le curé qui avait demandé sa grâce... Elle vivrait ! Ah ! ah ! elle vivrait. » Et elle partit d'un éclat de rire strident.

Toute honteuse, aussitôt, elle fouillait de ses regards l'ombre autour d'elle. En montant, elle n'avait pas fait attention s'il y avait d'autres voyageuses. Elle était seule. Alors elle se remettait à rire nerveusement, par deux ou trois fois, secouée par une hilarité farouche qu'elle ne pouvait arrêter, et qui repartait malgré elle.

La condamnée redevenait sérieuse, et au bout de quelques instants s'échappait de ses lèvres soupirantes : « C'est pas de moi qu'on peut dire que j'ai eu une bien belle marraine ! »

Le train marchait à toute vitesse avec un fort mouvement de lacet. Élisa était tombée dans une absorption, où ses pensées emportées, dans la nuit du wagon, par la vitesse tressautante du chemin de fer, avaient quelque chose du noir cauchemar d'un vivant, que roulerait en talonnant, sous l'eau d'un océan, un bâtiment sombré.

Un coup de sifflet, le nom d'une station appelé par un employé, des pas lourds sur le sable à côté d'elle, réveillèrent la sombre songeuse.

La curiosité de voir tout à coup prenait Élisa. Sous le banc en face d'elle, tout en bas, dans le bois travaillé par la gelée et le dégel, une petite fente laissait passer une filtrée de jour. Elle se jetait à plat ventre, collait son œil à la fissure. Un homme et une femme, dans le sautillement d'enfants entre leurs jambes, allaient, par un petit chemin de campagne, vers une maison dont la cheminée fumait. Le ménage marchait heureux, avec la hâte des gens, qui, après une courte absence, sont pressés de retrouver le coin du feu de la famille.

Et le voyage continuait, commençant à paraître éternel à Élisa, semblant ne devoir jamais toucher à son terme, quoiqu'elle sentît bien qu'il n'y avait pas très longtemps qu'elle avait quitté la gare.

Avec le brusque mouvement d'une mémoire qui se rappelle une chose oubliée, subitement, elle tirait du milieu du linge, qui remplissait un petit panier de paille noir, un morceau de papier graisseux qu'elle glissait dans ses cheveux, le dissimulant sous l'épaisseur de son chignon.

Les coups de sifflet, les appels des stations, les descentes des voyageurs se succédaient. Mais à mesure que la condamnée approchait du lieu de sa détention, le désir d'arriver, elle ne l'avait plus, et une espèce d'épouvante irraisonnée de l'inconnu qui l'attendait lui faisait battre le cœur, comme le cœur de ces tremblants oiseaux qu'on tient dans sa main.

« Était-ce là ? » Elle croyait avoir entendu

crier le nom de l'endroit qu'on lui avait nommé à Paris. Instinctivement elle se rencogna dans sa place, avec le pelotonnement d'une enfant, se faisant toute petite, sous la menace d'une chose qui lui fait peur. « Non, ce n'était pas encore là, tout le monde était descendu !... on n'était pas venu la chercher. »

La portière s'ouvrit brusquement. Une voix dure lui dit de descendre.

Elle se levait, mais ses yeux déshabitués de la lumière, ne voyant, depuis plusieurs jours, que les ténèbres de la chambre du condamné à mort, eurent, un moment, un éblouissement de l'aveuglant soleil d'hiver, qui éclairait le dehors, et comme son pied hésitant tâtonnait les marches pour descendre, l'homme à la voix dure la poussa assez rudement.

Elle avait eu, à Paris, une terreur de la foule amassée autour d'elle, aux cris de : *L'assassine, v'là l'assassine !* elle redoutait cette foule à la gare de la ville où se trouvait la prison. Personne n'était plus là. On avait attendu, pour son transfèrement, que la station fût vide.

Élisa cherchait de l'œil la voiture qui devait la conduire à la prison, quand deux hommes vêtus de bleu s'approchèrent de chaque côté d'elle et la firent marcher entre eux. L'administration faisait l'économie d'un omnibus, quand le service des prisons ne lui amenait qu'une ou deux condamnées.

Elle côtoyait, entre ses deux gardiens silencieux, des maisons de faubourg. Les rares passants qui la croisaient ne levaient pas même la tête. Il y avait une telle habitude à Noirlieu de voir tous les jours passer des prisonnières.

Elle prenait une rue montante, entre des jardins, dont les arbres se penchaient au-dessus des murs. Du givre était tombé la nuit. Il avait gelé le matin. Le soleil brillait alors. Les arbres qui avaient conservé leurs feuilles paraissaient avoir des feuilles de cristal, et les enveloppes glacées de ces feuilles tombaient, à tout moment, faisant dans la rue, autour d'elle, sur le pavé, le bruit léger de verre cassé.

Elle croyait passer sous une ancienne porte de ville, où, dans la vieille pierre, avait pris racine un grand arbre.

Elle était comme mal éveillée, et ses pieds la portaient sans qu'elle se sentît marcher.

A un détour, elle se trouva inopinément en

Georges Jeanniot inv. et sc.

ÉMILE TESTARD, ÉDITEUR.
Imp. A. Salmon.

face d'une grille peinte en rouge, toute grande ouverte. Elle gravissait alors, avec un pas qui se raidissait dans la résolution d'en finir, une ruelle resserrée entre des clôtures de jardinets, aux grands rosiers échevelés, dont l'un la faisait tressaillir, en lui égratignant le cou.

De loin, devant elle, elle pouvait lire, en lettres noires, sur le plâtre blanc d'une grande porte cochère :

MAISON CENTRALE DE FORCE ET CORRECTIONNELLE.

La porte cochère s'ouvrait. Elle se figurait déjà enfermée entre quatre murs. Quand elle voyait encore du ciel au-dessus de sa tête, elle respirait longuement, presque bruyamment. Elle était dans une cour, aux angles de laquelle s'élevaient quatre bâtiments neufs, bâtis d'une brique à la couleur gaie. Dans cette cour balayaient des femmes en cornettes rouges, en casaquins bleus, en sabots, — des femmes, dont les regards en dessous avaient une expression qu'elle n'avait point encore rencontrée dans les yeux de créatures en liberté.

Les deux gardiens, entre lesquels elle marchait toujours, la firent se diriger vers un perron s'avançant au bas d'une manière de donjon, encastré dans les constructions modernes.

Elle entrait dans un vestibule, où elle apercevait un petit poêle, un bureau couvert de gros registres dans le renfoncement d'une fenêtre, et, par la porte d'un cabinet entr'ouvert, le pied d'un lit de sangle.

L'homme du guichet lui demandait son argent, ses bijoux.

Elle retirait de sa poche son porte-monnaie, ôtait de son cou une petite médaille, détachait de ses oreilles de grosses pendeloques.

L'homme lui faisait remarquer qu'elle avait une bague à un doigt.

C'était une pauvre bague en argent avec un cœur sur un morceau de verre bleu.

Elle l'enlevait de son doigt, comme à regret, tout en regardant, sans que ses yeux pussent s'en détourner, la barrière séparant la pièce en deux : une barrière en gros pieux équarris, comme elle se rappelait en avoir vu une, autour des éléphants, un jour qu'elle avait été au Jardin des Plantes.

Fixant la fermeture, la porte de fer, avec des narines qui se gonflaient et le hérissement d'un animal sauvage, qui flaire la cage où il va être encagé, elle s'oubliait à donner sa bague, qui lui fut prise des mains.

Le guichetier avait fini de copier sur un registre un papier que lui avait remis l'un des conducteurs, quand l'autre, au grand étonnement d'Élisa, lui faisant tourner le dos à la porte intérieure de la prison, la mena par un passage, entre de hauts murs, à une petite maison dans un jardin. Après la visite, le gardien la reprenant au seuil de l'infirmerie, la ramenant près de la grande porte cochère de l'entrée, lui faisait gravir un escalier en bois, où montaient des odeurs de lessive et de pain chaud. Elle était à peine entrée dans une grande pièce, dont les deux fenêtres sur une cour étroite lui montraient, séchant sur des cordes, des centaines de chemises de femmes, qu'une sœur à la robe grise, au visage sévère, lui commanda de se déshabiller. Elle commençait à se dévêtir avec des pauses, des arrêts, des mains ennuyées de dénouer des cordons, des gestes suspendus, une lenteur désireuse de retenir sur son corps, quelques instants de plus, les vêtements de sa vie libre.

Elle voyait, pendant qu'elle éparpillait autour d'elle les pièces de sa pauvre toilette, une condamnée prendre sur les rayons un madras à raies bleues, une robe de droguet, un jupon, une chemise de grosse toile pareille à celles qui séchaient dans la petite cour, un mouchoir, des bas de laine, des chaussons, des sabots baptisés, dans le langage de la prison, du nom « d'escarpins en cuir de brouette ».

Élisa était enfin habillée en détenue, avec sur le bras le double numéro de son écrou et de son linge, le double numéro sous lequel — sans nom désormais — elle allait vivre son existence d'expiation.

La sœur examinait, de la tête aux pieds, la nouvelle habillée, disait un mot à la condamnée de service qui s'approchait d'Élisa, portait les mains à sa cornette. Il y avait, dans le haut du corps de la prisonnière, l'ébauche violente d'un mouvement de résistance qui tombait, aussitôt qu'elle sentait les mains touchant à sa coiffure se contenter de rentrer sous son madras les deux *couettes* de cheveux de ses tempes.

Cela fait, la condamnée de service ramassait

par terre les vêtements d'Élisa, les empaquetait dans une serviette, à laquelle elle faisait un nœud. La sœur avait griffonné des chiffres sur un morceau de peau, que l'autre attachait, sur le paquet, avec une aiguillée de fil.

Puis les deux femmes portaient le paquet dans la pièce voisine.

XXXVI

Élisa suivait machinalement la sœur, sans que la sœur lui fît défense d'entrer. C'était un petit cabinet, appelé le *Magasin*. Le long des quatre murs, des rayons de bois blanc montaient du parquet jusqu'au plafond; il y avait sur les planches, pressés, tassés, empilés, accumulés, des paquets semblables à celui que les deux femmes venaient faire de ses effets. Les paquets étaient entassés dans des paniers de paille jaunes et noirs qui y étaient pendus.

Au montant d'un rayon s'apercevait, accrochée à un clou, une robe neuve de laine brune.

— Ah! déjà! dit la sœur.

— Oui, ma sœur, — répondit la détenue, montée sur une chaise, et en train de placer le paquet d'Élisa dans l'enfoncement de la fenêtre. — C'est la robe de vingt-six francs, pour celle du quartier d'amendement,... qui va au couvent. Et la détenue se mit à faire entrer de force, au milieu des paniers déjà suspendus, le panier d'Élisa. Lassée, brisée, anéantie par les fatigues de la journée, et le corps secoué, de temps en temps, par des soubresauts, comme en gardent longtemps les membres des mineurs, après un enfouissement dont ils sont sortis vivants, Élisa regardait bêtement les paquets. Un de ces paquets, un peu défait, laissait couler au dehors, taillé dans une mode qui remontait à une trentaine d'années, un vieux morceau d'étoffe comme Élisa se rappelait — quand elle était toute petite — en avoir vu sur le dos de sa mère. Et Élisa avait, un moment, la vision d'une femme, entrée toute jeune, ressortant toute vieille, sous cette robe âgée d'un quart de siècle.

Il y avait encore des paquets, dont la toile d'enveloppe était devenue jaune, et dont les rentrants du nœud enfermaient, dans un liséré de poussière, des ailes de mouches mortes.

Chose bizarre! Chez Élisa, la vue des objets était comme diffuse, ne lui apportait rien de leur ensemble, de leur aspect général, et cependant d'infiniment petits détails entraient et se gravaient dans sa tête, presque malgré elle.

Élisa remarquait alors que tous ces paquets portaient sur un morceau de peau quelque chose d'écrit; elle s'approchait de plus près, lisait sur l'un d'eux :

N° 3093.

Entrée — le 7 mars 1849.

Sortie — le 7 mars 1867.

« Ces deux dates... ça représentait bien des années... mais, au juste, combien d'années ça faisait-il? Et comme dans le vide de sa cervelle, dans la défaillance et l'espèce d'évanouissement de son être, elle ne trouvait pas tout de suite, Élisa se mettait à compter sur ses doigts : 1850, 1851, 1852, 1853, 1854, 1855... Mais, au milieu de son compte, elle laissait tomber et se rouvrir ses mains. Qu'est-ce que lui faisaient les années... pour elle, il n'y avait pas d'années... pour elle, c'était toujours, toujours, toujours! »

XXXVII

Élisa avait entendu refermer sur elle la porte de l'écrou ; elle s'était enfin trouvée dans l'intérieur de ces murs qui ne devaient laisser ressortir de la prisonnière qu'un corps dans un cercueil. Elle avait couché dans le lit large de 70 centimètres, au matelas de douze livres, à la couverture de laine brune.

A cinq heures et demie, le lendemain, elle se levait, entendait la prière dite par la sœur, descendait prendre un morceau de pain au réfectoire.

A six heures et demie, elle remontait dans la salle de travail, cousait jusqu'à neuf heures.

A neuf heures, elle redescendait au réfectoire manger la gamelle de légumes secs de trois décilitres et boire l'eau de la cruche de grès au déjeuner.

A neuf heures et demie, elle faisait la promenade du préau.

A dix heures, elle remontait dans la salle de travail, cousait jusqu'à quatre heures.

A quatre heures, elle redescendait au réfectoire manger la gamelle de légumes et boire l'eau de la cruche du dîner.

A quatre heures et demie, elle refaisait la promenade du préau.

A cinq heures, elle remontait dans la salle de travail, cousait jusqu'à la nuit.

A la nuit, elle se couchait.

Tous les jours, c'étaient la même journée, les mêmes occupations, la même promenade, la même nourriture, les mêmes descentes et les mêmes ascensions d'escaliers, revenant aux mêmes heures.

XXXVIII

Des jours, beaucoup de jours se passèrent, sans qu'Élisa eût la notion de son existence pénitentiaire, le sentiment du châtiment qui la frappait, la conscience de la mortification de son corps et de son esprit. Ainsi que les gens assommés de coups sur la tête et restés debout sur leurs pieds, elle vivait sa vie nouvelle dans une sorte d'assoupissement cérébral qui l'empêchait de voir, de sentir, de souffrir, subissant des choses, passant par des milieux, accomplissant des actes dans une stupide absence d'elle-même. Un matin, la récréation la réveilla, la fit tout à coup revivante pour les douleurs humaines. Chaque jour, dans le préau aux hauts murs, et sans arbres et sans herbe, sur la largeur d'un étroit sentier formé de deux briques posées l'une contre l'autre, dessinant un carré rouge au centre du pavage gris de la cour — un pavage de fosse à bêtes féroces; les détenues, espacées par un mètre de distance, doivent se promener, l'une à la file de l'autre, les mains au dos, le regard à terre. Élisa, ce jour-là, avait déjà parcouru, une vingtaine de fois, l'inexorable carré, quand, par hasard, sa vue se soulevant de terre et montant au bleu du ciel, aperçut, avec des yeux subitement ouverts à la réalité, le dos de ses compagnes... Elle eut peur, et ses mains instinctivement, se mirent à tâter sur elle la vie de son corps. Un moment, au milieu de ces allants immobiles, de ce processionnement automatique, de cette marche dormante, de cette promenade silencieuse au claquement régulier et mécanique de tous les sabots tombant dans les pas creusés par les sabots du passé, un moment, il sembla à la misérable fille être prise dans l'engrenage d'une ronde d'êtres ayant cessé de vivre, condamnés à tourner éternellement sur ce champ de briques.

Et la promenade continua, chassant des remparts, avec la tristesse inexprimable de son bruit mort, les promeneurs de Noirlieu.

XXXIX

Dans la salle de travail où avait été placée Élisa, contre le mur de droite, au-dessus de la petite table de l'*écrivain* et de sa cornette rose, une sœur de la Sagesse, dominant du haut d'une chaire les travailleuses, se tenait debout, les mains abandonnées, en les plis raides d'une femme de pierre d'un Saint-Sépulcre.

En face d'Élisa, sous un crucifix, ainsi qu'un grand œil divin ouvert sur la salle, le bleu d'un cadre portait en lettres blanches : « Dieu me voit », et au-dessous de l'œil divin, très souvent, il y avait, au trou imperceptible fait par un clou dans la porte, l'œil de l'inspecteur en tournée dans les corridors.

Les prisonnières, le visage plein, le teint uni et blanc et un peu bis des convalescentes d'hôpital, avaient des têtes carrées, des têtes de volonté obtuse, d'endurcissement, de méchanceté noire. Leur physionomie était comme fermée, mais, sous l'ensevelissement hypocrite de la vie de leurs traits, l'on sentait des passions de feu couvant, et leur regard, qui faisait le mort, se relevant lentement après le passage des personnes, leur dardait dans le dos, jusqu'à la porte, la curiosité de la haine. Elles étaient occupées à toutes sortes de travaux. Les unes confectionnaient de la lingerie, les autres fabriquaient des corsets pour l'exportation, les autres découpaient des boutons à l'emporte-pièce, les autres tressaient des chapeaux de paille, les autres assemblaient des chapelets, beaucoup faisaient marcher une couseuse mécanique, trois ou quatre seulement brodaient.

De toutes ces rangées de femmes courbées sur leur ouvrage, de toutes ces détenues semblablement vêtues, de toutes ces têtes coiffées et de tous ces dos recouverts de madras à raies bleues, se levait, dans le jour du nord du grand atelier, un brouillard bleuâtre, une luminosité froide, reflétée de couleurs de misère, de prison, d'infirmerie, que faisaient encore plus tristes les fleurs aux soies éclatantes, entr'ouvertes sur le métier des brodeuses.

Le travail était incessant, toujours recommençant, sans rien de ce qui anime, encourage, réjouit le travail, sans une parole, sans un mot, sans une exclamation, par laquelle se confesse tout haut le plaisir de la tâche terminée. Dans la manufacture muette, en plein *silence continu*, seul, un coup de dé, frappé de temps en temps sur le dossier d'une chaise, avertissait la prévôte qu'une femme avait fini l'ouvrage donné, — qu'elle attendait l'autre.

XL

Le silence continu! Élisa eut bien à souffrir à l'effet de se faire à la dure règle. C'est tellement contre nature pour une créature humaine de se déshabituer de parler. La parole! mais n'est-elle pas une expansion spontanée, une émission irréfléchie, le cri involontaire, pour ainsi dire, des mouvements de l'âme? La parole! n'est-ce pas la manifestation d'une existence d'homme ou de femme tout aussi bien que le battement d'un pouls? Et comment un être vivant, à moins d'avoir la bouche cadenassée, ne parlerait-il pas aux êtres vivants au milieu desquels il vit, dans le contact des promenades, dans le voisinage des occupations, dans l'interrogation des regards mêlés, dans le coudoiement des corps par les ateliers étroits, dans cette communauté côte à côte de toute la journée, dans ce qui fait naître enfin et produit et développe partout ailleurs la parole? Ne jamais parler! elle y tâchait. Mais elle était femme, un être dont les sentiments, les sensations, l'impressionnabilité d'enfant, bon gré, mal gré, jaillissent au dehors, en une loquacité gazouillante, un verbe diffus, des paroles, beaucoup de paroles. Ne jamais parler! ne jamais parler! mais les ordres religieux de femmes qui ont fait le vœu du silence n'ont, en aucun temps, pu s'y astreindre rigoureusement. Ne jamais parler! mais elle, elle avait encore à triompher de ces petites colères folles, particulières aux femmes de sa classe, et qui ont besoin de se répandre, de se résoudre dans du bruit, dans de la sonorité criarde. Ne jamais parler!... on la voyait perpétuellement, les lèvres remuantes, comme mâchonner quelque chose, qu'elle se décidait, à la fin, à ravaler avec une contraction dans la face. Ne jamais parler! ne jamais parler!

A Noirlieu, — était-ce une pure légende provinciale? — les gens de la ville racontaient aux étrangers, que le *silence continu* donnait aux femmes de la prison des maladies de la gorge et du larynx, et que, pour combattre ces maladies, on forçait les détenues à chanter le dimanche à la messe.

XLI

Dans la salle de travail, le hasard avait placé Élisa entre deux femmes, coudes à coudes avec elle, du matin au soir.

L'une était la doyenne de la prison. Elle avait ses trente-six ans accomplis de détention.

C'était une grande et sèche et maigre paysanne, sur laquelle les rigueurs pénitentiaires ne semblaient pas mordre, une créature de fer que rien ne paraissait faire souffrir, et qui gardait sa santé et sa raison au bout de ce nombre homicide d'années de silence.

Elle avait été condamnée aux travaux forcés pour, de complicité avec son père, avoir assassiné sa mère, et de ses mains de fille fait enfoncer sous des pavés, le corps encore plein de vie surnageant dans un puits.

Elle effrayait avec son impassibilité, avec la

fermeture de son visage, avec le mutisme de toute sa personne. Sans que son corps bougeât, sans que son œil regardât, lorsqu'une punition tombait sur une prisonnière de la salle, Élisa entendait l'implacable vieille femme ruminer entre ses dents serrées, se dire dans un souffle à elle-même : « Les autres, qu'éque ça me fait, ici faut que chacun *mange sa peine*. »

Celle-ci faisait un peu peur à Élisa.

L'autre voisine d'Élisa était une toute jeune femme, victime de ce règlement odieux qui mêle et associe dans une existence commune la femme condamnée à un an et à un jour de prison et la femme condamnée aux travaux forcés à perpétuité.

La jeune détenue se trouvait sous le coup d'un jugement pour adultère.

Courbée en sa honte, la malheureuse, toujours penchée sur son métier à tapisserie, de ses yeux qui se mouillaient involontairement, laissait, de temps en temps, tomber une larme qui faisait scintiller, un moment, une goutte de rosée sur une fleur de soie.

Celle-là, Élisa la méprisait, la trouvant trop lâche.

Chez Élisa, chez cette nature sauvageonne, qui avait toujours tenu de la chèvre rebellée, prête à repousser à coups de tête la main pesant sur elle, cet instinct de révolte était devenu plus accentué depuis que cette main était la main de la Justice. Toutefois, il faut le dire, le désintéressement de son crime faisait relever le front à la criminelle.

Dans ce monde de femmes presque entièrement composé de voleuses, la superbe de sa probité donnait à tout l'être d'Élisa quelque chose de hautain et d'indigné.

La rébellion de son cœur mutiné ne se manifestait par aucun acte, aucune parole, aucune infraction à la discipline; elle était dans son regard, dans son attitude, dans son silence, dans le bouillonnement colère d'un corps terrassé, dans le frémissement d'une bouche qui se tait.

Aussi, supérieure, directeur et inspecteur, étaient enclins à la sévérité contre l'impénitente, qui s'était fait une ennemie plus redoutable dans la prévôte chargée de la distribution et de la surveillance de son travail. Élisa lui avait brutalement laissé voir le dégoût qu'elle éprouvait pour la comédie d'amendement, la basse hypocrisie, le mensonge sacrilège de religiosité, au moyen desquels une détenue devient trop souvent, dans une maison de détention, une contre-maîtresse.

XLII

Être vivante et redouter d'être pour les autres ainsi que la mémoire d'une personne morte, se voir abandonnée de ceux qui ont été vos parents, vos amis, vos connaissances, douter si une pensée affectueuse vous plaint, ne se sentir plus rattachée ici-bas par l'émotion lointaine d'un souvenir, porter sa peine toute seule sans l'écho d'un mot compatissant, enfin ne pas toucher de près ou de loin à cette pitié ambiante, dont le réconfort dans les peines inconsolables aide le moral humain à souffrir et à continuer de vivre en souffrant : tel était le sort d'Élisa qui, depuis deux années, n'avait point été demandée une seule fois au parloir, n'avait pas reçu une lettre, n'avait pas obtenu un signe de vie de ceux avec lesquels elle avait vécu enfant, jeune fille ou femme.

Élisa avait cependant bien peiné pour n'être point punie pendant les soixante jours de deux mois entiers, et cela plusieurs fois afin d'obtenir de l'administration la bienheureuse feuille de papier à lettre qui porte en tête :

| La correspondance est lue à l'arrivée et au départ. | Maison centrale de Noirlieu, le............ |

N°..................................
Nom de Fille : ....
Nom de Femme : ....
Atelier..............................

Les détenues ne peuvent écrire que tous les deux mois, pourvu toutefois qu'elles n'aient pas été punies.

Élisa donc, dans le besoin de tendresse vague que crée la douleur, avait écrit plusieurs lettres, elle avait fait la battue de ceux qui portaient son nom, elle avait, sous le prétexte d'affaires de famille — la seule correspondance qui lui fût permise — imploré l'envoi d'un bout de papier sur lequel un peu d'écriture voulût bien se rappeler qu'elle existait encore. On n'avait pas répondu. Personne n'avait eu la charité de lui jeter l'aumône d'une ligne. Partout le silence et partout l'oubli. La prisonnière avait parfois l'impression d'être enterrée toute vive, et un instant le personnel de la maison, perdant à ses yeux sa réalité, ne lui apparaissait plus que comme les visions et les fantômes d'un épouvantable cauchemar... Cette vie sans rien savoir des siens, sans rien savoir des autres, sans rien savoir de rien! et la curiosité instinctive de ce qui se passe sous le soleil, et l'intérêt de l'être humain pour les choses de son humanité, et ce besoin de tout individu de participation à la connaissance lointaine des événements quelconques, ne pouvoir les satisfaire jamais! jamais! Oh! cette existence vécue dans l'ignorance cruelle de tout! A mesure que les lentes années se succèdent, au milieu d'un effroi qui vient aux plus bêtes, sentir s'épaissir, au fond de soi, ce grand et redoutable inconnu! Il y avait des jours où Élisa eût donné une pinte de son sang pour apprendre, quoi? elle n'en avait pas l'idée, — rien certes qui l'intéressât ou la touchât personnellement, — pour apprendre seulement quelque chose, pour qu'il tombât une filtrée de jour dans les ténèbres de son être. Quelquefois, au préau, tout à coup elle s'arrêtait dans sa marche mécanique, l'oreille tendue à des pas graves de bourgeois qui se promenaient, à des cris d'enfants qui se perdaient dans le lointain, comme si ces pas, comme si ces cris allaient lui dire du nouveau. Deux ou trois fois, pendant un espace de cinq ans, la musique d'un orgue monté par hasard sur les remparts lui apporta son bruit — le refrain d'un air à la mode — c'est tout ce qui vint à elle, pendant ce long temps, des changements de la terre.

Un jour, cependant, des vitriers avaient remis des carreaux dans une cour intérieure, Élisa trouva par terre le papier du cornet de tabac de l'un d'eux, un morceau de journal qui ne remontait guère au delà d'une année. Elle lut les trois ou quatre *faits-Paris* un peu écornés qu'il contenait, et à l'atelier plaçant l'imprimé devant elle, en le dissimulant sous ses petits outils de couture, dont il semblait l'enveloppe dépliée, elle le regardait pendant son travail, en lisait de temps en temps quelques lignes avec les yeux que l'on voit à une dévote dans un livre de piété. Un mois cette découverte la rendit tout heureuse. Puis la nuit, avec son noir secret des choses, se referma sur elle.

Elle regardait jalousement curieuse ses camarades de salle, revenant du parloir avec l'éclaircie d'un court bonheur sur leurs figures tout à l'heure assombries et grises. Parmi celles-là, il y avait la sœur d'une fille avec laquelle Élisa s'était trouvée dans la maison de l'École-Militaire, et que cette fille venait voir régulièrement tous les six mois. Le lendemain d'un jour où la détenue avait été appelée au parloir, ne pouvant résister au tourment de son cerveau affolé de connaître n'importe quoi du dehors, de derrière les murs de la prison, Élisa, dans la descente de l'escalier, feignant de perdre un de ses sabots, se rapprochait d'elle, lui mettait dans la main une rondelle de carton.

Élisa, sans qu'on la vît, avait eu la patience et l'adresse de découper, dans le *Pater* et l'*Ave* de son livre de prières, les lettres au moyen desquelles elle avait formé des mots, qu'elle avait collés avec de la mie de pain sur le fond d'une boîte à veilleuses. Tous les six mois, alors que la femme de l'École revenait, Élisa interrogeait ainsi la détenue qui lui répondait de la même manière.

XLIII

La nuit était déjà bien avancée. Dans le dortoir installé par l'architecte de la prison, entre le rejoignement étroit de la voûte ogivale de l'ancienne église, et que soutenaient de distance en distance des piliers de fonte; dans le sinistre dortoir, bas, resserré, étouffant, mais prolongé à l'infini, les lampes fumeuses n'éclairaient plus, sous les tristes couvertures brunes, que d'une lueur tremblotante, les formes des prisonnières reposant dans les poses raides et contractées d'un sommeil qui se défie. Le petit jour commençait à *bluetter* sur les barreaux des fenêtres. La prévôte, en son lit plus élevé, dormait profondément. Toutes les femmes sommeillaient, et les songes, qui rêvaient de crimes, étaient muets.

Seule, Élisa veillait encore. Un moment, se

soulevant dans un allongement qui rampait, elle interrogea longuement le silence et l'ombre, longuement scruta de l'œil le judas de la logette de la sœur. Cela plusieurs fois. Puis dans le lit d'Élisa, s'entendit comme l'imperceptible grignotement d'une souris. La tête retombée sur le traversin, en une immobilité trompeuse, la prisonnière, d'une seule main, décousait à petit bruit un coin de son matelas. Au bout de quelques minutes, elle retirait de la laine le papier qu'elle avait caché dans son chignon en chemin de fer, qu'elle avait tenu des années au fond d'une poche, le déménageant tous les six mois de sa robe d'hiver dans sa robe d'été, qu'elle avait enfin serré dans son matelas.

Ce papier était une lettre écrite avec du sang, à l'exception d'un seul mot, le mot « mort » tracé par une crainte superstitieuse avec de l'encre ordinaire. L'écriture de sang était devenue bien pâle sur le papier jauni, mais Élisa lisait avec la mémoire de son souvenir bien plus qu'avec ses yeux.

XLIV

Ma petite femme,

J'ai hut de la peine et du mal quand je t'ai quité, parce que ça me fait trop de plaisir quand je te vois. Ça me rend tout sans dessu dessou des journées durant. Ça me bouillonne dans la tête. C'est tout insi comme du lait caillé que j'ai dans le cœur. Je fais dans le service la figure du bon dieu de pitié. Il me parait que je ne pourrai pas durer les quinze jours avant ta sortie. Tant que c'est comme ça, mon âme, elle reste collé à tes lèvre. Je voudrai être toujours nous *deux, quand tu n'ï es pas, il ï a des choses qui me tire hors de moi dans toi. Mais, Élisa, tu n'as pas fait ma connaissance encor et comme j'ai le tempéramen amoureux. J'étai tout de même, quand je me mettai à esperer les grandes Fêtes, il ï a longtemps, avant que je soi au régiment. Cependant j'étai bien croyant à tirer un bon numéro, j'avai mis trois doits en manièr de triangle dans la boète, j'avai touché les trois numéro, et puis tirant le troisième, j'avai bien dit, insi qu'on me l'a enseigné au païs : Mise, mouche, vul. Enfin c'est bien malheureux pour mon salut éternel d'être venu à Paris, puis de t'avoir rencontré toi! Ah, que mon âme me dit des remord! Mais c'est plus fort que moi je ne puis métriser mes sangs. Alors, c'est convenu, puisque c'est ton plaisir, nous irons aux nids dans les bois, l'autre dimanche couran.* N'AIMER QUE MOI *tu l'as juré l'engagemen sur le crucifix. Élisa tes caresse sont gravé dans mon cœur. Ta bouche par ses serment leur a posé un cachet ardent. Élisa je t'aime, je t'idolatre, ma petite femme, avec un grand délire amoureux que tu as fait dissoudre dans toute ma chair. Rien au monde ne peut faire oublier tes caresse et tes baisers brulan. La mort seule me les fera oublier.*

Ton amant pour la vie, pour la vie,

TANCHON
fusilier au 71ème de ligne.

P. S. *Met dans tes cheveux l'odeur qui i était la première fois.*

La lettre lue, Élisa la gardait longtemps posée sur sa poitrine, sous ses mains croisées, et peu à peu la vision de la terrible journée lui revenait comme si elle la revivait.

XLV

C'était un trou noir dans lequel tombait un rayon de soleil, traversé d'envolées de pigeons ramiers, de roucoulements, de froufrou d'ailes, de vols nuant et changeant de couleurs, dans leurs rapides et incessants passages de l'ombre à la lumière, de la lumière à l'ombre. Au milieu de ce tourbillonnement ailé, la fine pluie d'un jet d'eau retombait dans une grande coupe de verre bleu, scellée sur un rocher en coquilles d'escargots, et où de petits poissons, aux frétillements d'argent, tournoyaient, tournoyaient sans relâche autour d'un bec de gaz. Attaché à la barre d'une fenêtre, un vieux corbeau qui pouvait bien avoir cent ans, et paraissait avoir perdu son bon sens d'oiseau, sautillait perpétuellement sur une seule patte. La fenêtre entr'ouverte montrait, sur la cheminée, à côté d'une couronne de mariée sous un globe, un troublet à prendre les goujons qui nageaient dans la coupe de verre bleu.

Élisa voyait le petit trou noir et ensoleillé, comme si, de la table du restaurant de la Halle où elle était assise, le jour de sa dernière sortie, elle regardait encore dans la petite cour intérieure, au-dessus du toit en vitrage de la cuisine. Oh ! le bon commencement de journée... Un si beau restaurant pour elle, qui n'avait jamais mis les pieds que chez des marchands de vin de barrière... Et les gens à côté d'elle, qui ne faisaient pas le semblant de la mépriser... Et le garçon qui lui disait « Madame » comme aux vraies Madames qui étaient là... Après, on avait pris un *mylord*... Rouler vite, comme cela, en voiture découverte, avec du vent dans les cheveux... il y avait bien longtemps que c'était le désir secret d'Élisa. Mais sur le quai de Chaillot, elle était descendue, il avait fallu qu'elle longeât la Seine tout au bord de la berge... et elle allait ainsi regardant l'eau couler, marchant avec elle... Quand elle s'était mise à lever les yeux, ils étaient sortis de Paris et bien au loin !... Dans une espèce de champ, à travers un grand filet séchant sur un arbre, elle voyait une sorte de berger, avec un vieux sac de militaire au dos, gardant un troupeau de moutons crottés... Et ça lui paraissait étrange de ne plus retrouver dans le ciel le dôme des Invalides qu'elle était habituée à ne jamais perdre de vue... Alors on s'était trouvé dans le bois de Boulogne... Il faisait bon dans le bois, et puis « le petit homme chéri » avait dans l'ombre de si gentilles paroles, une si douce voix.

XLVI

Le soldat qu'aimait Élisa n'avait d'un *lignard* que la tunique sur le dos. Il était, ainsi que s'exprime le peuple, *doux à parler,* et ses gestes avaient l'enveloppement d'un bras féminin. Il disait, en riant, qu'il devait cela à l'habitude qu'il avait autrefois de tenir sous sa roulière, par les pluies froides, l'agneau dernier-né de son troupeau. Car jusqu'au jour où il était tombé au sort, il avait été berger. Lui, ce fut lui, pendant bien des années, cette silhouette contemplative qu'on aperçoit à mi-côte des grandes landes, debout, le menton appuyé sur un long bâton, et entouré du tournoiement fantastique d'un chien aux yeux de feu. Sa vie s'était passée dans le vent, la pluie, l'orage, les déchaînements mystérieux des forces de la nature. Depuis l'âge de huit ans, ses yeux avaient vu les aubes et les crépuscules de chaque jour : toutes les heures de la terre troubles et voilées, et pleines de visions et d'apparences et disposant l'esprit du berger à la croyance peureuse aux choses surnaturelles, et peuplant son imagination de toutes sortes de noires interventions des puissances occultes. Il était né sur une terre arriérée, en laquelle s'éternisait le passé d'une vieille province, dans un département lointain, encore sillonné d'antiques diligences, et où se dressait à chaque bifurcation de deux chemins une croix de pierre. Tous les dimanches, d'abord enfant, puis déjà grand garçon, il ôtait sa blouse pour passer la chemise blanche de l'enfant de chœur. Plus tard il était resté croyant à son catéchisme, captivé par tout le miraculeux qu'il enseigne, si bien que sous le soleil de midi en plein champ, au milieu de ses moutons, il ne manquait chaque semaine, à l'heure de l'office, de lire sa messe, et là, perdu, absent, transporté dans une église idéale, il se prosternait, comme à l'élévation, aux tintements de la clochette qui sonnait au cou rebelle du bélier de son troupeau. Cette ferveur se mêlait, en lui, à ce mysticisme vague et confus que la solitude, la vie en plein air apportent parfois aux natures incultes. Du reste il était sans lettres, n'avait jamais lu que des almanachs et deux ou trois petits livres d'un illuminisme tendre à la glorification de la vierge Marie. Lorsque l'homme avait apparu dans le jeune homme, une part de cette religiosité s'était tournée vers la femme. Et ses amours d'abord chastes et dédaigneuses des campagnardes, et toutes à une délicate Sainte, martyrisée dans un tableau d'une chapelle de sa montagne, avaient brûlé en lui, dans un transport de la tête ressemblant à un embrasement divin.

La vie du régiment était dure au berger; il comptait les années, les mois, les journées qui le séparaient du jour où, après ses sept années de service, il retournerait à ses landes et à ses bêtes. Mais comme il avait la résignation du chrétien, il accomplissait avec docilité et simplicité ses devoirs de soldat, respectueux avec son capitaine, respectueux avec son caporal. Il vivait toutefois dans son coin, allant tout seul de son côté, sans rapport avec les autres, auxquels cependant à l'occasion il rendait de petits services, restant de son pays, ne laissant entamer ni ses idées ni ses habitudes, contemplant à la dérobée les images de la *Petite Semaine sainte* qui ne quittait jamais son sac, insensible aux moqueries de la chambrée, qui le voyait tous les matins, le premier levé, faire, agenouillé à la tête de son lit, une prière dans le jour à peine naissant, sans entendre dire à ceux qui s'éveillaient : « Tiens ! Tanchon, le v'là déjà occupé à *manger sa paillasse !* »

Ce croyant et ce fervent n'avait pu cependant résister à Paris aux ardeurs sensuelles de son tempérament, à la flamme de ce corps grandi dans les excitations de la nature et l'arome des sapins, à l'exaltation tendre d'un cerveau amoureux de Dieu et de la femme. Au milieu de ses faiblesses, dans la simplicité de sa foi candide, l'ancien berger était tourmenté de l'appréhension des feux matériels d'un enfer, de la crainte d'un vrai diable qu'il n'était pas bien sûr de n'avoir pas vu, une fois, sous la forme d'un loup blanc, de la peur de toutes les créations de terreur de l'Église, à l'usage des damnés, qu'il croyait, en ses souvenirs hallucinés, s'être approchés de lui dans les ténèbres, dans l'obscurité remuante des heures où le Monde s'endort ou s'éveille. Et ces effrois de réalités pour lui non douteuses, non lointaines, mais menaçantes de tout près, troublaient d'autant plus son être, qu'il se sentait tous les jours plus incapable de résister à la femme, plus faible contre la tentation de sa chair.

Parlant à une femme, parlant à Élisa, sous des arbres, par ce jour de printemps, la parole de cet homme au pantalon garance était une sorte d'invocation, une effusion presque priante et délirante, un parler d'amour, où des mots revenant des trois livres amoureusement pieux qu'il avait lus, en faisaient une langue de dévotion, appuyée de la douceur de gestes qui semblaient envelopper d'une caresse l'agneau dernier-né de son troupeau.

XLVII

Élisa et le soldat étaient donc tombés dans le bois de Boulogne. Des grandes avenues ils avaient été aux petites allées. Le soldat ne disait plus rien. Et Élisa avait pour le bras auquel elle s'appuyait, des caresses qui tapaient doucement, tout en arrachant d'une main distraite, le long du chemin qu'ils suivaient, de hautes herbes des champs. Ils marchaient ainsi dans le bois qui devenait plus épais, quand ils se trouvèrent devant une grande porte, où se voyait la broussaille fleurie, blanche et rose, de grands rosiers grimpants.

XLVIII

Le cimetière ! le cimetière qui n'en était plus un ! Il lui semblait encore lire sur le vieux plâtre lézardé de sa porte : Ancien cimetière de Boulogne, et tous les détours et tous les circuits du petit bois ignoré, ouvert le dimanche, se représentaient sous ses yeux.

D'abord, elle avait voulu en faire tout le tour, comme on fait le tour d'un lieu inconnu et attirant, allant aux recoins secrets par des sentiers effacés, dans de petits chemins, que barraient et refermaient des rosiers devenus sauvages, et défendant le passage avec des rejets fous et des épines meurtrières.

Puis lasse, comme une femme qui n'a pas l'habitude de marcher, elle s'était laissée tomber près d'un monticule, sous lequel dormait un enfant : un tertre vert tout mangé de marguerites.

Elle était toute emplie d'un tranquille et pur bonheur, où l'enveloppement de la mort, de cette mort déjà ancienne et qui avait perdu son horreur, mettait je ne sais quoi de doucement recueilli.

Lui! silencieux, il s'était couché un peu au-dessous d'elle, une joue posée sur la fraîcheur de l'herbe. A travers sa robe elle sentait la chaleur de son visage.

Instinctivement, elle s'était levée, dirigée du côté de la porte, quand il l'avait forcée à se rasseoir un peu plus loin, sur un angle de pierre défoncée, d'où tombaient sur eux de grandes branches pleurantes.

— Non ! non !

C'était Élisa qui se relevait brusquement, marchant, encore une fois, vers la sortie du cimetière.

Elle avait au dedans d'elle le pressentiment qu'un malheur allait arriver, et cependant ses pieds étaient lents à la porter dehors.

Elle marchait à petits pas, et tout en marchant, avait tiré son couteau dont elle ratissait les épines des branches de rosiers qu'elle glissait dans son bouquet d'herbes des champs.

Elle était arrivée dans un angle du cimetière, le long de la loge ruinée du gardien d'autrefois, dans un endroit où le terrain s'abaissant, se relevant, avait comme des ondulations de vagues.

Deux ou trois personnes entrées par hasard, après un regard jeté en le lieu abandonné, étaient ressorties.

Lui! alors s'allongeait dans un des creux comme s'il voulait un peu sommeiller. Elle s'asseyait à ses côtés.

Et tout en arrangeant son bouquet, et en faisant passer son couteau d'une main dans l'autre, avec les caresses calmantes que les mères promènent sur le visage de leurs enfants, de sa main libre, elle fermait les yeux ardents de son amant, en lui disant :

— Dors !

Soudain, sans une parole, sans un mot, elle sentait sur elle les violences et la brutalité d'un viol, et dans l'effort rageur qu'elle tentait pour se dégager de l'étreinte furieuse qui lui faisait mal, elle avait l'impression d'être souffletée par les deux mains dénouées autour de son cou.

— Ne me tente pas, je vois rouge! s'écriait Élisa, dressée toute droite, son couteau à la main; Élisa chez laquelle la courte lutte avait fait monter au cerveau la folie d'une de ces homicides colères de prostituées.

« Ah! ce moment, elle ne se le rappelait que trop! Il faisait un coup de soleil brûlant, comme il en fait en avril... l'air était tout bourdonnant de petites bêtes volantes... des odeurs sucrées, ressemblant au goût du miel des cerisiers en fleurs de son pays, montaient des grandes broussailles couchées sur les tombes... il n'y avait pas encore de feuilles aux arbres, mais tout plein de bourgeons gonflés et luisants... et, au milieu de cela, elle voyait devant elle le visage de son amant qui avait sur la figure un rire bête et tout drôle. »

« Cela avait duré, oh! pas plus qu'un rien, une seconde, au bout de quoi, il s'était élancé sur elle, sur le couteau, tombant à genoux, cherchant, tout blessé qu'il était, à l'envelopper, à l'embrasser de ses bras défaillants. »

Georges Jeanniot inv. et sc.

EMILE TESTARD, ÉDITEUR
Imp. A. Salmon.

« Oui! c'était bien ainsi que les choses s'étaient passées... Mais les autres coups de couteau... Ah! voilà!... Quand elle avait vu couler le sang... était-ce assez singulier tout de même... alors elle avait été prise par un *vertigo*, par un besoin de tuer, par une furie d'assassiner... et elle l'avait frappé encore de quatre ou cinq coups... criant pendant qu'elle frappait, comme qui dirait un enragé en train de mordre, criant à l'assassiné :

— Mais tiens-moi! tiens-moi donc! »

« Au fait, pourquoi n'avait-elle pas confié cela à son avocat, à personne... Après tout ce n'était pas bien intéressant?... Puis, quoi! elle! la dernière des dernières, elle! une inscrite à la police et dans tant de maisons de la province et de Paris, il aurait fallu avouer qu'il lui était, tout à coup, comme ça, poussé l'envie d'aimer comme une jeune fille qui n'aurait pas *fauté*, comme une toute jeune honnête fille... non, ce n'étaient pas des choses à dire... on aurait trop ri d'elle... enfin, bien sûr, elle aurait été toujours condamnée, puisqu'elle avait tué... mais on n'aurait pas cru peut-être que ç'avait été pour les dix-sept francs qu'on n'avait plus retrouvés sur lui. »

Et dans son étroit petit lit, réfléchissant aux impulsions mystérieuses et secrètes auxquelles elle avait obéi, auxquelles elle ne comprenait rien, elle finissait par se demander comment elle avait pu, ce jour-là, être si entièrement abandonnée du bon Dieu?

XLIX

Pendant une semaine, toutes les nuits, Élisa relisait la lettre, puis la lecture n'avait plus lieu qu'en des temps éloignés. Enfin, la prisonnière oubliait dans son matelas le papier écrit avec du sang. Une nuit cependant, au bout de quelques mois, elle retirait l'épître amoureuse de sa cachette; mais cette fois, sans la baiser, ainsi qu'elle avait toujours l'habitude de le faire avant de la lire. Elle la retournait près d'un grand quart d'heure entre ses doigts. Chez la femme semblait se livrer un combat, au milieu duquel elle déchirait la lettre, la mettait en morceaux, longuement en tout petits morceaux, comme si elle se complaisait à cette destruction.

Dans le néant et le vide d'un cœur en prison, une instinctivité tendre et sans emploi de sa tendresse, à défaut d'autre affection, ressuscitant en Élisa « le petit homme chéri », l'avait fait, tout à coup, se retourner vers son passé d'amour, se réfugier un moment dans la douceur posthume du seul bon rappel qui lui fût resté de la vie. Cela avait duré quelques heures et cela avait été tout. L'amant appelé par la pensée d'Élisa, combien de temps l'avait-elle revu avec son bon visage, ses yeux caressants, ses gentils gestes, tout ce qu'elle avait aimé dans l'homme aimé?... Tout de suite son évocation l'avait menée au cimetière de Boulogne, tout de suite elle avait eu devant elle l'assassiné avec ce rire dans lequel l'agonie avait mis quelque chose qui était si peu de lui. Ainsi les gens qui ont perdu un être cher, mort fou, et que les rêves ne leur remontrent jamais que dans sa fureur ou sa dégradation de créature intelligente, supplient la Nuit de ne plus rapporter l'image désespérante; ainsi Élisa repoussait maintenant l'image adorée qui lui devenait à la longue antipathique, cruelle, odieuse. Un jour arrivait même, où Élisa se mettait à s'irriter contre ce qui, malgré tous ses efforts pour oublier, restait et demeurait en elle de ce

mort... qui était au fond la cause de tout son
malheur. Alors le souvenir de son amant, brutalement repoussé par la détenue, chaque fois
qu'il remontait à son cœur, était rejeté sans un
attendrissement, sans un regret, sans un remords, au fond d'une mémoire qui se faisait de
marbre.

L

Élisa avait espéré avec le temps s'habituer au mutisme, ne plus souffrir de la privation de la parole. Mais au bout d'années passées en prison, elle avait le même besoin de parler qu'au premier jour. Il lui semblait même que ce long silence avait mis, au fond de sa gorge, quelque chose de furieux, d'exaspéré, et que toutes les paroles ravalées par elle, voulaient, par moments, sortir dans un long aboiement furieux. Ne pouvant parler, parfois elle ne pouvait résister à se donner le semblant de la parole, à construire avec des lèvres et une langue aphones des phrases qu'elle ne s'entendait pas, mais se sentait dire. Elle faisait cela, le linge qu'elle cousait tout rapproché de son visage, prêt à étouffer dans sa bouche un mot devenant imprudemment sonore. Mais un jour, ce *parlage* incomplet ne la satisfit pas. Comme si, chez elle, la poche aux paroles crevait, ou plutôt comme si elle voulait s'assurer si elle avait encore dans le cou cela qui fait des sons humains, — au milieu de l'étonnement de la salle de travail qui la crut attaquée de folie, — Élisa se mettait à jeter des mots, des phrases sans suite, des sonorités retentissantes, et se dérouillant tout à l'aise le gosier, en dépit des objurgations de la sœur, continuait à monologuer tout haut, jusqu'à ce qu'on entraînât hors de la salle la prisonnière grisée par le bruit de sa bouche, et laissant derrière elle, au milieu du *silence continu*, l'écho long à mourir de ce verbe entré tout à coup en révolte.

LI

Sa mère, Élisa ne l'avait pas revue depuis sa fuite de la Chapelle. Si, elle l'avait revue une fois — une fois seulement et de loin — lorsque la mère de l'assassine était venue déposer à la cour d'assises. Dans le passé, on le sait, il n'y avait pas eu grande tendresse chez la fille, pour cette mère qui lui avait fait peur et peine pendant toute son enfance. Cependant depuis, dans l'isolement sur la terre de l'être en prison à tout jamais, ce qui reste comprimé d'affectueux dans tout cœur humain, allait vers la vieille femme.

Élisa aurait voulu en recevoir des nouvelles.

Plusieurs fois elle lui avait écrit. Les lettres écrites à sa mère n'avaient pas obtenu plus de réponse que les lettres écrites aux autres. Aussi la détenue fut-elle fort surprise quand on lui annonça que sa mère l'attendait au parloir.

Le parloir d'une maison centrale se compose de trois cages ou plutôt de trois grands garde-manger grillagés de fer et soudés l'un à l'autre. Dans celui de droite on met les parents, dans celui du milieu est assise une sœur sur une chaise de paille avec un dévidoir, dans celui de gauche il y a la détenue. Ni baiser, ni serrement de main. Des paroles, des confidences, des effusions arrêtées, par la présence de cette surveillance immobile et glacée. Des regards séparés par la largeur d'un couloir et brisés par un double treillis de fer. Une entrevue où le bonheur de se voir, de se retrouver, ne peut se témoigner par une caresse, par une étreinte émue, par des lèvres posées sur une chair parente ou amie.

C'était bien sa mère! Les tribulations de la vie avaient mis dans les restes de sa beauté une implacable dureté.

On eût dit une sibylle sous la palatine d'une femme de la halle.

Une petite fille était à côté d'elle.

— Mais vraiment, t'as bonne figure, oh! mais c'est chouette, t'as trouvé le moyen d'engraisser tout plein... ça me fait bien de la satisfaction, là... quoique tu m'en aies fait du tort, va, dans mon commerce.

La mère d'Élisa s'interrompit, pour dire entre ses jambes à la petite qui s'obstinait à se cacher la figure dans le creux de sa robe :

— Allons, nigaude, puisque je t'ai dit que c'est ta sœur, pourquoi que t'en as peur?...

— Oui, c'est une petite que j'ai eue depuis toi,— fit, en relevant la tête vers Élisa, sa mère.

Et elle continua :

— Tu ne me gardes pas rancune, hein! fillette, de ne t'avoir pas fait réponse; tu sais, moi, je ne suis pas de mon tempérament écrivain.

Là-dessus, fouillant dans une poche profonde, où cliquetaient un tas d'objets, elle en tira une *queue de rat*, puis elle prit longuement une prise, la prise de tabac des vieilles sages-femmes.

— Maintenant je vas te dire, je ne suis pas

heureuse dans mon quartier; tous les jours que le bon Dieu fait, on m'y cherche des contrariétés... là-dessus une pensionnaire que j'ai eue m'a dit, comme ça, que dans les Amériques on n'était pas si contrariant, tu comprends, fillette?

Élisa comprenait. Elle pressentait dans la vie de sa mère de nouvelles manœuvres abortives, peut-être dans l'air des menaces de poursuites.

— Alors, aïe la boutique! reprit la mère, j'ai tout lavé... mes pauvres lits! tu sais celui de la chambre jaune, celui que j'ai fait les billets à la Villain... ils m'ont coûté gros ceux-là... oui, tout lavé, tout vendu, mais j'en ai pas encore assez pour aller si lointainement... de l'argent. Je m'ai dit alors : l'enfant a bon cœur... et puis, raisonnons un brin, qu'est-ce qu'elle peut faire de plus *agreiable* de son argent... puisqu'elle en a pour la vie.

Élisa regardait sa mère avec des yeux douloureux. Dans le premier moment elle avait cru bonnement que sa mère était venue pour la voir; elle n'était venue que pour la dépouiller de son misérable petit pécule de prison.

— Eh bien, tu ne dis rien... tu refuses ta

mère... Un enfant, madame la sœur, pour laquelle je me suis tué les sens!

— Les six francs pour m'acheter ma bière, quand ce sera fini... je ne veux pas que les autres se cotisent pour moi... oui, c'est tout ce qu'il me faut... le reste, je te l'enverrai, maman.

Cela dit lentement, d'un coup de reins brusque, Élisa se leva de son banc pour mettre fin à la visite.

— Ah! t'es une vraie fille, s'écria la mère en joie, je le répète comme je l'ai dit aux jurés de malheur qui ont condamné mon enfant à mort. Elle est bien un peu *bernoque*, mais foncièrement c'est un cœur d'or...

Et relevant d'une taloche la tête de la petite fille, qui s'était renfoncée dans ses jupes :

— Hé! bijou! là, tout de suite, fais un beau serviteur à ta bonne sœur.

Quand Élisa rentra dans la salle de travail, elle était très pâle. Depuis des années, — quand elle souffrait encore, — elle ne pâtissait plus guère que des duretés de la prison. Cette visite lui avait fait retrouver au fond d'elle de quoi souffrir à nouveau.

LII

Ce qui, dans un condamné, demeure haineusement debout contre la société, ce qui en son apparente soumission se soulève contre l'autorité, ce qui se rebelle en son silence, un jour, toute cette révolte intime et latente s'affaissa chez Élisa.

Il y eut chez elle, comme la démission de cette attitude hautaine et contemptrice qu'affiche tout d'abord le Crime enfermé.

La détenue était à bout de force. Elle se sentait vaincue. Elle s'avouait brisée par la force toute-puissante et toute destructive de la prison, par la compression de fer qui pesait sur elle en l'écrasant un peu plus tous les jours. Il n'y avait plus en elle l'étoffe d'une résistance morale.

La bête, autrefois toute prête à se cabrer et à hennir, avait été lentement amenée à l'heure où, réduite et matée, elle cache, à l'approche du maître, sa tête entre ses quatre jambes qui tremblent.

Élisa ne connaissait plus ces furieux moments, pendant lesquels elle était obsédée de la tentation d'enfoncer ses ciseaux dans la poitrine de la prévôte qui lui en voulait. Une punition injuste, d'où qu'elle vînt, n'avait plus le pouvoir de faire monter à sa bouche l'ébauche des mots de colère, crevant sur ses lèvres muettes.

On entendait maintenant, quand le directeur ou l'inspecteur lui faisaient une observation, sa parole prendre la note menteusement pleurarde d'une voix qui implore, on voyait se baisser son œil dans un regard humble et faux, et toute sa tremblante personne s'envelopper de soumission vile et de bassesse abjecte.

Cette hypocrisie qui, dans les premiers temps, avait si fort révolté la prisonnière, cette hypocrisie qu'une inspectrice appelle « la plaie des prisons », Élisa, elle aussi, y était venue comme les autres, mendiant aujourd'hui, dans la mort de tout orgueil humain, avec le mensonge de sa voix, de son regard, de sa tournure, l'adoucissement de son sort. Et comme c'est par la religion que vient cet adoucissement le plus souvent, et que le plus souvent se produisent les grâces, Élisa simulait la dévotion, se confessait à l'aumônier, communiait, cherchait à se bien faire venir des sœurs, tentait de s'approcher de la supérieure.

LIII

La supérieure de la prison était une religieuse de quatre-vingts ans, au visage de cire, au front sillonné de rides rouges de sang extravasé et qui paraissait comme un front sanglant. Sa pâle personne, son lent parler, son regard grisâtre et lointain, ses gestes découragés semblaient en faire une froide et tragique figure de la Déception. Il y avait eu en effet, dans sa longue vie, tant de pertes d'illusions, tant d'avortements d'espérances, tant d'écroulements de rêves, tant de détenues converties, ramenées en prison quinze jours après leur sortie, que la vieille et sainte femme commençait à désespérer de la conversion de ce monde qu'elle avait cependant le devoir de sauver. Elle ne croyait plus du tout à l'amendement des *correctionnelles*, qu'elle appelait avec un

mépris indéfinissable « des traînardes », et
n'avait guère gardé qu'un rien de confiance
dans le repentir possible des *criminelles*, des
grandes criminelles, de celles « qui avaient
tué », ne redoutait pas de dire sa douce bouche.
Pour elle l'éternité de la réclusion, mêlée à
l'action religieuse pendant un nombre infini
d'années, avait seule quelque chance de ramener sincèrement ces femmes à Dieu. Élisa avait
tué. Elle était condamnée à perpétuité. Elle
réunissait donc toutes les conditions qui pouvaient intéresser, faire travailler la supérieure
à son salut. Mais Élisa était une prostituée.
Elle appartenait à une classe de femmes pour
laquelle la supérieure, malgré ses efforts chrétiens, n'avait jamais pu surmonter un dégoût,
une aversion, une répugnance, pour ainsi dire
physique, qui se refusait presque à se laisser
approcher de ces malheureuses.

Le doute morne et désolé de la supérieure
était, chez l'aumônier, un doute jovial incarné
dans la verdissante vieillesse d'un prêtre bourguignon, qui depuis longtemps, tout digne
homme du Seigneur qu'il était, avait fait
gaillardement son deuil de la conversion des

correctionnelles et des criminelles, « toutes
pécheresses, affirmait-il, nées et condamnées à
mourir dans la peau de la perversité innée ».
Pour ses ouailles qu'il déclarait ainsi prédestinées à la damnation, l'aumônier n'avait au
fond aucune répulsion, lui! il s'en entretenait
même, avec un peu de cette parole paterne
qu'ont les magistrats pour les notables gredins
qu'ils envoient aux galères. Élisa tombait mal
avec le clairvoyant bonhomme. Plusieurs fois,
pendant ses petits sermons du dimanche, l'aumônier avait remarqué Élisa faisant, sur le
visage un moment attendri d'une compagne,
rebrousser la contrition avec l'incrédulité d'un
regard gouailleur.

Ne se sentant ni aidée ni encouragée par la
supérieure et l'aumônier, Élisa se rabattait sur
les sœurs, avec lesquelles les habitudes de la
prison la mettaient le plus souvent en rapport.
Et peut-être, il faut le dire, cette comédie de
religiosité jouée dans un intérêt tout humain,
serait-elle devenue une dévotion vraie, si en ce
moment d'amollissement, Élisa avait trouvé
autour d'elle un peu de tendresse spirituelle.

Élisa n'avait jamais été impie. Elle avait toujours conservé, même dans son métier, des pratiques religieuses ou au moins superstitieuses, et le greffe de Noirlieu gardait la petite médaille de la Vierge qu'elle avait au cou, lorsqu'elle avait été écrouée. Au fond, l'apparente affectation irréligieuse qu'avait surprise l'aumônier, ne s'était témoignée chez Élisa que dans la maison de détention, et seulement parce que l'insoumise prisonnière trouvait là, dans la religion, l'auxiliaire de l'autorité. Cette tendresse qu'elle appelait, Élisa ne la rencontra pas chez les sœurs.

Vraiment! on ne peut demander à ces femmes d'élection de s'abandonner tout entières au Crime, ainsi qu'elles s'abandonnent à la Misère, à la Maladie, à la Douleur. Ce serait trop exiger de ces êtres purs, aux petits péchés véniels, de se rapprocher et de se confondre dans une intimité d'âme avec l'assassine, avec la voleuse, avec toutes les scélérates amenées en leur compagnie par les verdicts des tribunaux. Les sœurs peuvent bien donner à la garde, au soulagement matériel de ces créatures, leurs forces, leur santé, leur vie, mais cela d'ému, d'attendri, de caressant, à la manière d'une sœur en Dieu, cela qu'elles accordent à l'Honnêteté pauvre et au Malheur immérité, non!

Il y a là quelque chose de défendu à la perfection terrestre de la religieuse.

Supérieure, sœurs, aumônier, sans repousser absolument Élisa, lui faisaient sentir qu'on la savait dévotieuse dans le seul but d'être portée au *Tableau des grâces*.

LIV

Alors Élisa éprouva comme une espèce d'endurcissement de son corps que semblait quitter la sensibilité. De tout temps très frileuse, souvent au dortoir par les nuits fraîches, elle avait un sentiment de froid. Elle n'eut plus froid. Puis les sensations produites par le contact brutal des choses et qui font mal, ne lui parurent plus immédiates, mais lui firent l'effet de venir de loin et de la toucher à peine.

Bientôt l'indifférence de son corps pour tout, Élisa la retrouvait dans les mouvements de son âme. L'emprisonnement n'était plus guère pour la détenue une expiation. Sa cervelle perdait l'habitude de forger ces hasards impossibles qui promettent, pendant une heure, à l'imagination des prisonniers l'abréviation de leur temps de prison. Sa peine flottait dans sa pensée diffuse, sans que maintenant sa mémoire s'effrayât, se souvînt peut-être de son éternité. Enfin ce régime du silence, ce régime suppliciant, elle commençait à s'y trouver comme dans le repos d'une vie où il était permis à ses idées de paresser dans du vague, dans du trouble, dans une sorte de lâche évanouissement, sans que sa parole ou celle des autres l'en retirât. C'était même pour elle un choc presque douloureux qu'une question adressée à l'improviste par le directeur, et une gêne angoisseuse que la nécessité d'y répondre de suite. Aussi Élisa avait-elle pris à la fin l'habitude de répondre par un marmottage, par un bruit de la gorge et des lèvres qui ne disait rien. Dans le bienheureux et noir vide de sa tête, elle n'essayait même plus de faire remonter la lueur d'un souvenir… Se rappeler était pour Élisa un effort, une fatigue !

La prison avait de grands escaliers à tournants rapides, que les détenues en sabots descendaient, quatre par quatre, dans une dégringolade accélérée. Depuis quelque temps, Élisa avait à la fois peur du vide de l'escalier sous ses pieds et du tourbillonnement féminin dans son dos. En même temps que cette appréhension bizarre se déclarait, il lui venait aux doigts une maladresse qui lui faisait tomber fréquemment les objets des mains. Élisa s'étonnait aussi un peu — elle, un estomac capricieux et dégoûté, qui bien des fois avait laissé, sans y toucher, sa pitance, — de se voir manger tout ce qu'elle trouvait à manger avec une voracité animale.

LV

Le carreau du réfectoire encore un peu humide du lavage du matin luisait rouge, et la lumière aigre d'une froide journée de printemps jouait crûment sur l'ocre frais des murailles et le blanc de chaux du plafond, tout récemment repeints. C'était jusqu'au fond de la salle éclairée, en écharpe, par de très grandes fenêtres, une double rangée de tables étroites, dans la menuiserie desquelles entraient, se confondaient deux bancs très bas, pouvant contenir chacun cinq détenues.

Sur les tables, on voyait posées dix écuelles de terre vernissée d'où s'échappait une vapeur tournoyante. Au milieu s'élevait la cruche pansue des intérieurs laborieux et pauvres de Chardin, la cruche en terre, à la couverte rose de brique, à la paillette de jour carrée. Çà et là brillaient, à un certain nombre de places, de petits ronds de fer-blanc avec un numéro au milieu. Ces ronds de fer-blanc étaient les bons de cantine, les bons qui permettaient à ces femmes nourries seulement de légumes toute la semaine et ne mangeant de la viande qu'une seule fois le dimanche, leur permettaient, sur l'argent de leur pécule, d'ajouter à leur ordinaire, les mangeailles figurant sur un tableau accroché au fond du réfectoire.

Ce tableau portait :

Beurre frais.	10 c.
Lait.	»
Fromage de Dumeux.	»
Gruyère.	»
Hollande.	»
Bondon.	»
Réglisse.	»
Gomme.	»
Hareng saur.	»
RAGOUT DE MOUTON	20 c.

Composition du ragoût :

Viande. — Pommes de terre épluchées. — Carottes. — Navets. — Oignons. — Graisse. — Farine. — Sel et poivre nécessaires.

Au coup de neuf heures, les femmes annoncées d'avance par le claquement de leurs sabots dans les escaliers, firent leur entrée tumultueusement dans une bousculade, qui se pressait et se hâtait vers la nourriture, avec la bruyance de mâchoires mâchant à vide.

Dix par dix, elles allèrent se placer à des tables qui avaient, placardés à leur tête, les numéros d'écrous et les noms des attablées.

Dans la confusion de la prise de possession des places et l'enjambement des bancs, la sœur vit la main crochue d'Élisa retirer le bon de cantine d'une voisine, le placer devant elle.

— Gourmande, dit la sœur, je vous ai vue et je crois que ce n'est pas la première fois. Vous êtes notée... je vous surveillerai dorénavant.

La main d'Élisa, avec la mauvaise humeur d'une main d'enfant obligée de lâcher une chose chipée, repoussa le numéro de cantine devant sa voisine.

LVI

— Numéro 7999, approchez.

La détenue ne bougea pas.

— Êtes-vous sourde, hé ! là-bas ?

Élisa se décida à se lever et se vautra à demi sur la barre, avec un air indifférent et ennuyé.

La prisonnière se trouvait dans la salle appelée le Prétoire de la justice, où avaient lieu tous les samedis les *garanties :* c'est-à-dire la confirmation au milieu d'un débat contradictoire des punitions demandées par la sœur dénonçante, transmises à la supérieure, prononcées par le directeur.

Sur une estrade, le directeur, dans son fauteuil de président, avait à sa droite la supérieure et la sœur dénonçante, à sa gauche l'inspecteur et l'aumônier.

Derrière les juges, les rideaux en calicot blanc, complètement fermés, de trois grandes fenêtres, faisaient ténébreuse la salle, rendaient sévères les figures de ces femmes et de ces hommes assis à contre-jour. Les murs étaient tout nus, sans un tableau, sans une sculpture, sans un symbole de miséricorde qui fît espérer la coupable.

En face du tribunal, la salle était coupée par une petite barrière en bois, et, passé la barrière, les prisonnières, notées pour être punies, se tenaient dans des poses bien sages sur un grand banc.

Le directeur reprit :

— Vol de bons de cantine, refus de travail, c'est tous les samedis la même chanson... Hé! qu'est-ce que vous dites?

Élisa ne disait rien.

— Interdiction du préau, privation du régime gras le dimanche... c'est comme si on fouettait des hannetons à six liards le mille... rien n'a de prise sur madame... tè!... mais au fait, si on vous mettait à la demi-ration de pain sec?... Ne serait-ce point votre avis, ma mère? fit le directeur en s'adressant à la supérieure.

Georges Jeanniot inv. et sc.

ÉMILE TESTARD, ÉDITEUR.
Imp. A. Salmon.

A cet appel du directeur, il y eut chez la supérieure un acquiescement insensible de son visage pâle, de son front sanglant.

— La demi-ration de pain sec, répéta le directeur en revenant à Élisa, vous entendez, vous qu'on dit une grosse mangeuse,... la demi-ration de pain sec, ça fait-il votre affaire ?

Pas de réponse d'Élisa.

— Ainsi, c'est bien entendu, n'est-ce pas, il y a chez vous la volonté de résister à votre directeur ?

Pas de réponse d'Élisa.

— Voyons, tête de bois, parlez, défendez-vous. Je veux que vous parliez ! s'écria d'une voix rageuse le directeur.

Pas de réponse d'Élisa.

« La perversité innée ! » soupira le bien portant aumônier, en faisant tourner ses pouces.

— Alors c'est un défi, pas vrai, numéro 7999 ?

Pas de réponse d'Élisa.

— Dites au moins que vous ne recommencerez pas... Vous verrez que la mâtine ne le dira pas !

Élisa ne répondit pas plus que les autres fois. Ses yeux s'élevèrent seulement vers le directeur.

Sa bouche se contracta dans une résolution de ne rien dire. Un nuage haineux passa sur son visage, et dans la femme que le tribunal avait sous les yeux, sembla se glisser un être stupide et méchant.

« Moi, vous le savez, je suis pour les châtiments moraux, jeta dans l'oreille de l'inspecteur le directeur exaspéré, mais il y a vraiment des moments, où il faut reconnaître que les coups de fouet sur les épaules d'Auburn, ont du bon. »

LVII

Le directeur de la prison était un Méridional d'une petitesse comique, un homuncule tout en barbe et en poils noirs, avec un crâne dénudé, fumant et suant et qui ne pouvait supporter le contact d'un chapeau. Du lever du jour à la nuit, on rencontrait, nu-tête, l'infatigable petit homme dans les endroits où se préparaient les choses destinées à vêtir, à changer, à nourrir les détenues, surveillant, inspectant, contrôlant, soupesant, revendiquant avec une paternité rageuse et des jurons de la Cannebière, ce qui était, d'après le règlement, le bien et le droit de chaque prisonnière; tout prêt à révolutionner la prison, à faire chasser l'entrepreneur pour un décilitre de légumes secs qui aurait manqué à la pitance d'une femme. Un directeur dont les pensées de la journée, les insomnies de la nuit appartenaient à la détention, dont la vie tout entière était une revendication du bien-être matériel de ses détenues, dont la direction avait presque le caractère d'un apostolat laïque, et cependant, à certains moments, un directeur bien inhumain : un directeur doué de la férocité qui se développe chez un bourgeois systématique, pour peu qu'on contrarie l'unique idée logeant en son crâne conique.

Criminaliste de l'école américaine, disciple d'Auburn, le directeur de Noirlieu croyait à l'amendement des détenues par le silence. Les assez tristes résultats qu'il avait obtenus dans sa direction personnelle et la constatation par la statistique criminelle de l'accroissement de la récidive depuis une vingtaine d'années, tout aussi bien chez les femmes que chez les hommes, n'avaient pu ébranler sa foi entêtée, l'amener à reconnaître les cruautés inutiles du moyen. Qu'une prisonnière n'eût pas sur le dos une bonne robe de droguet ou de laine beige, n'eût pas dans le ventre la ration de pain et de soupe maigre : voilà seulement ce dont, à ses yeux, une prisonnière pouvait souffrir, tout le reste était de la *coyonnade*, selon son expression. Quant à la débilitation intellectuelle, incontestablement produite par cette pénalité, il déclarait, au milieu de beaucoup de *boun diou*, que c'était une invention des médecins modernes, ajoutant que le silence continu était un bon petit recueillement hygiénique à l'âme et au corps. Mais le plus souvent, avec les dédains et les haut-le-corps superbes d'une conviction d'économiste qui avait quelque chose d'absolu, de fanatique, il ne souffrait pas la discussion sur ce sujet qui, pour lui, était un véritable article de foi. Il y avait même des jours où ce fantasque petit homme était disposé à voir, dans les infractions involontaires des détenues, une rébellion en règle contre ses idées personnelles, mélangée d'un rien d'irrespect pour l'exiguïté de son susceptible individu. Alors le directeur de Noirlieu arrivait inconsciemment dans sa lutte avec une nature réfractaire au silence, à des sévérités, à des duretés, à des implacabilités qui, dans l'adoucissement de la pénalité moderne, faisaient remonter un peu de la torture des temps anciens, et donnaient à la drôlatique colère du petit philanthrope, monté sur ses ergots, la silhouette d'un polichinelle vampire.

LVIII

A plusieurs mois de là, dans la même salle et devant les mêmes juges, Élisa était encore à la barre, en son enfermement farouche et son mutisme indompté. Le directeur disait de sa petite voix musicale que la colère rendait plus marseillaise que d'ordinaire :

— Toujours la même... et pis que jamais, et plus mauvaise diablesse chaque semaine... oh ! moi je ne vous ferai pas parler, la belle, je le sais !... Mais avant d'employer les grands moyens, voyons si quelqu'un ne sera pas plus chanceux que moi.

A cet appel, la supérieure avec un accent sévère s'adressa à Élisa :

— Vous avez entendu le directeur, vous commettriez le dernier et le plus punissable des actes de désobéissance, si, à l'instant même, vous ne témoigniez, par quelques paroles repentantes, le regret des fautes commises par vous, en même temps que la volonté de ne plus en commettre à l'avenir...

Ici la supérieure s'arrêta court en voyant le peu d'effet que l'exorde de son homélie produisait sur la détenue.

Pendant que la supérieure parlait, l'inspecteur à la face nacrée de la nacre d'un hareng — un signe auquel se reconnaît une origine hollandaise et un placide descendant de la race primitive du Waterland, — aplatissait à plusieurs fois, de ses deux mains, l'envolée rêche de ses cheveux roux. La supérieure se taisant, notre Hollandais, de sa bonne rude voix caressante, jeta à la femme en train d'être jugée :

— Allons, mon enfant, assez de mauvaise tête comme cela... autrefois on était gentille... l'administration obtenait à peu près ce qu'elle désirait de toi... Qu'y a-t-il aujourd'hui dans ta fichue caboche?... Que diable! tu sais bien qu'ici on ne punit pas pour le plaisir de punir... Voyons, Élisa, il faut qu'aujourd'hui nous vidions notre sac... que, tout de suite, tu nous racontes pourquoi tu ne veux plus...

— Je *veux*, mais je ne *peux* pas ! s'écria soudain, dans le déchirement d'une voix désespérée, Élisa, dont le corps était agité des pieds à la tête par une trépidation étrange, depuis que s'adressait à elle cette parole familière, amicale, et qui lui avait rappelé son nom. — Oh ! si, souvent, monsieur l'inspecteur, je vous le promets, oui ! je veux ; mais je ne peux pas !

Longtemps Élisa répéta plaintivement : « Oui, je veux ; mais je ne peux pas. » Et cela jusqu'au moment où la femme fondit en larmes, et où sa litanie désolée s'éteignit dans l'étouffement de longs sanglots spasmodiques.

— Hé ! là-bas, est-ce bientôt fini ? — reprit le directeur, mis de mauvaise humeur par la visite d'un criminaliste anglais préparant une brochure contre le système Auburn. — Qu'est-ce que vous nous débitez là ?... On peut tout ce qu'on veut... Ne jouons pas plus longtemps le drame, s'il vous plaît... Et assez de pleurnicheries comme cela... Nous verrons bien si un peu de *réclusion solitaire* — le directeur ne prononçait jamais le mot de cachot — vous rendra cette volonté si bien perdue... — A une autre, au numéro 9007.

LIX

La séance terminée, la sœur dénonçante prenait le directeur à part, lui disait :

— Je ne sais pas, mais le numéro 7999 ne me paraît pas depuis quelque temps dans son état ordinaire, je le trouve bizarre, singulier, et ayant par moments comme des absences de bon sens. Je crois qu'il faudrait le faire examiner par le médecin de la prison.

— Idée excellente !... tè ! une vraie inspiration ! ma sœur, — fit ironiquement le directeur, — avec cela que le docteur a la manie de vouloir trouver des folles dans toutes nos paresseuses.

— Mais cependant... hasarda timidement la sœur.

— Oh ! ce sera fait... du moment que vous croyez... Moi... je le sais, ici tout le monde me regarde comme un monsieur systématique, incrédule à l'évidence... et son regard se dirigea vers le dos de l'inspecteur, mais maintenant... c'est le directeur qui l'exige, je veux, et absolument, que ce bon docteur fasse son rapport.

Le médecin de la prison écrivait à quelques jours de là, sur l'état d'Élisa, un rapport dans lequel il établissait que la détenue n'avait plus la perception nette et rapide des choses, qu'elle avait perdu la concentration de l'attention, qu'elle était soumise à des impulsions étrangères à sa volonté. Il appuyait sur les vols de bons de cantine, sur cette voracité tout à coup développée chez Élisa, un des prodromes de l'imbécillité. Il déclarait qu'elle n'était pas une aliénée, mais qu'elle ne possédait plus « le degré ordinaire du libre arbitre et de la culpabilité ». Il concluait enfin, en demandant pour elle un relâchement de la sévérité du régime et un travail en rapport avec l'affaiblissement de ses facultés.

LX

Élisa quittait la salle de travail où, depuis des années, elle était occupée à la même place. On la faisait monter dans le haut du vieux bâtiment, à la Cordonnerie.

Une grande pièce sombre, au plafond enfumé, chauffée par un poêle en fonte dont le tuyau sortait par le carreau en tôle d'une fenêtre. Aux tablettes fixées aux murs pendillaient des détritus de choses. Par terre traînaient, au milieu de flaques d'eau, des bouts de fil dans du poussier de charbon de terre écrasé par les sabots. Une saleté inlavable, qui faisait contraste avec la sévère propreté du reste de la prison, était incrustée dans les murs, mettant une grande tache autour des prisonnières. Et dans l'atmosphère épaisse de ce lieu, les puanteurs du cuir se confondaient avec l'odeur de la crasse d'une humanité qui ne se lave plus.

D'un côté, sur des chaises, de l'autre sur des bancs, étaient réunies en deux troupes une soixantaine de vieilles femmes qui se tenaient l'une contre l'autre dans le rapprochement, le resserrement peureux de toutes petites écolières en classe. Quelques-unes de ces femmes, encore capables de travaux de cordonnerie, taillaient des empeignes de souliers. La plupart ourlaient des mouchoirs d'invalides. Beaucoup étaient occupées à des besognes qui ne demandent plus l'attention ni le tact assuré des doigts d'une main, travaillant à l'*épluchage* du lin, à l'*écharpillage* des cordes, au *délissage* des chiffons.

LXI

Les femmes de la Cordonnerie, appelées dans le langage administratif des *toquées*, étaient de pauvres travailleuses. Quelques-unes, devant la tâche posée devant elles, restaient une partie de la journée, les bras croisés, les paupières battantes sur la dilatation de leurs pupilles. D'autres approchaient d'elles la besogne avec des mains raides et destructives, la tracassaient un moment, la mettaient en tapon, la repoussaient.

La plupart, au bout d'un petit quart d'heure de travail qui faisait saillir les veines de leurs tempes, vaincues et incapables d'une application plus longue, se rejetaient en arrière, avec un subit affaissement du corps sur leurs chaises.

Deux ou trois buvaient à petites gorgées de la tisane dégoulinante des deux coins de leurs bouches, et, la tisane bue, demeuraient des heures, penchées sur le gobelet, à en regarder le fond.

Parmi les plus âgées, une aïeule, les yeux cerclés de grosses bésicles de fer, dans le jet rigide et inexorable d'une sculpture de Parque, avait, du matin au soir, le menton posé entre ses deux mains reposant sur ses coudes arcboutés à la table.

Près de la vieille, une détenue encore jeune, encore belle d'une beauté molle et fondue dans une graisse blanche, les reins brisés et flasques, passait le jour entier, les deux bras tombés le long de ses hanches, à user le bout de ses doigts allant et venant contre le carreau de la salle.

De temps en temps, la promenade de la sœur, au milieu de ces créatures, faisait reprendre à quelques-unes, pour quelques minutes, le labeur interrompu; mais, presque aussitôt, elles retombaient dans leurs poses de pierre.

Dans la Cordonnerie n'existait plus ce qui se faisait remarquer parmi les détenues de tout le bâtiment : la coquetterie du madras. Sur les cheveux dépassant, malgré le règlement, un

Georges Jeanniot inv. et sc.

ÉMILE TESTARD, ÉDITEUR
Imp. A. Salmon.

rien en dessous, la cotonnade à carreaux bleus ne s'enroulait plus avec la grâce, la correction proprette, l'adresse galante des cornettes des autres salles. Elle n'était plus le petit bout de toilette possible, où survivait ce qui restait de la femme dans la prisonnière. Sur les vieilles et sur les jeunes, le mouchoir de tête se voyait posé de travers avec des cornes caricaturales qui disaient, déjà mort, chez ces vivantes, le féminin désir de plaire. Mais chez ces malheureuses, que leur sexe semblait quitter, le spectacle douloureux, c'était : le vague et le perdu des regards, l'absence des êtres du milieu où ils se trouvaient, l'étonnement des yeux revenant aux choses qui les entouraient, l'effort laborieux de l'attention, l'automatisme des gestes, enfin le vide des fronts, sous lesquels on sentait le souvenir des vieux crimes vacillant dans des mémoires sombrées.

Ces femmes n'étaient point encore tout à fait des folles, mais déjà elles étaient des *imbéciles*. La prison n'avait plus de châtiments pour leur paresse et voulait bien se contenter de l'à-peu-près cochonné et bousillé par ces doigts maladroits.

Parfois l'immobilité d'une de ces femmes se trouvait tout à coup secouée par une inquiétude de corps, un remuement inconscient, un soubresaut qui la faisaient se lever, s'agiter un moment dans des gestes sans signification, puis se rasseoir.

Souvent, dans un coin, montait subitement à une bouche un flot de mots désordonnés qu'une obscure réminiscence des punitions anciennes étouffait soudain en des gloussements craintifs.

Chaque jour, lors de la tournée de l'inspecteur et de son passage dans la Cordonnerie, une femme se levait fiévreuse, repoussait à coups de poing les bras de ses compagnes qui voulaient la retenir, s'avançait vers l'homme de la prison, humble, et la poitrine tressautante. Alors avec une voix pareille à la plainte qui parle tout haut dans un rêve, et avec des paroles sans suite brisées par des silences anhélants, l'imbécile demandait audience, elle se plaignait d'avoir été condamnée pour une autre, elle réclamait de nouveaux juges; sa vieille voix se mouillant à la fin des larmes d'une petite fille en pénitence.

La Cordonnerie avait dans la journée, selon l'expression de la prison, *quatre mouvements des lieux*. Quatre fois par jour, les détenues de la salle ébranlant de leurs sabots les escaliers, apparaissaient avec leur appesantissement bestial, leurs figures hagardes, la presse de leurs besoins physiques. Arrivées en bas, les femelles se satisfaisaient sans qu'il leur restât rien des pudeurs de la femme.

LXII

Dans la Cordonnerie, Élisa commença à descendre, peu à peu, tous les échelons de l'humanité, qui mènent insensiblement une créature intelligente à l'animalité. De l'ourlage des mouchoirs à carreaux, elle fut bientôt renvoyée au *délissage* des chiffons; enfin, reconnue incapable de tout travail, elle passa ses journées dans une contemplation hébétée et un ruminement grognonnant.

Alors, en cette tête d'une femme de quarante ans, il y eut comme la rentrée d'une cervelle de petite fille. Les impressions contenues et maîtrisées d'une grande personne cessèrent d'être en son pouvoir. Le dédain pour les choses du bas âge, elle ne l'eut plus. Chez elle, se refirent, dans leur débordante effusion, les petits bonheurs d'une bambine de quatre ans. Son vieux madras de tête avait-il été remplacé par un madras neuf? on la voyait tout éjouie passer sa main à plusieurs reprises sur la cotonnade; on surprenait sa bouche formulant en un souffle qui s'enhardissait presque dans une parole : « Beau ça! » Quelque dame charitable de la ville, en une année d'abondance, avait-elle envoyé un panier de fruits pour le dessert des détenues? devant les quatre ou cinq prunes posées dans l'assiette creuse, les yeux allumés de gourmandise, les lèvres humides et appétantes, elle battait des mains!

Au milieu de cette reprise d'Élisa par les toutes premières sensations de la vie, un curieux phénomène se passait dans sa pauvre mémoire. Dans cette mémoire, jour par jour, des morceaux de son existence d'autrefois s'enfonçaient dans des pans de nuit, et son passé tout entier, comme amputé et détaché de la prisonnière, s'en allait et se perdait parmi les espaces vides. Élisa avait oublié sa vie de la Chapelle, sa vie de Bourlemont, sa vie de l'École-Militaire, sa vie de prison, sa vie d'hier. Puis, à mesure que s'effaçaient dans sa tête les souvenirs les plus récents, se levaient, s'avançaient des souvenirs anciens, les souvenirs d'une première enfance qu'elle avait passée, loin de Paris, dans un village des Vosges, chez une sœur de sa mère. Et ainsi qu'il arrive quelquefois dans les dernières heures d'une agonie, les occupations, les distractions, les plaisirs, les jeux de cette enfance, reprenaient avec leurs jeunes gestes et leur gaminante mimique, reprenaient machinalement possession du vieux corps de la femme.

LXIII

Elle était dans la forêt de houx.

A travers les bois poussant leurs premières feuilles, elle était à la recherche des nids de *restots* : de ces tout petits oiseaux qui nichent entre les racines des arbres.

Dans une bande de gamines, à la bouche et aux dents noires comme de l'encre, elle était aux *brimbelles*, son panier de goûter déjà plein, et se riant, et se moquant, et appelant *chiepaniers*, celles dont le panier n'était qu'à moitié rempli du raisin des bois.

Elle était aux écrevisses, les pieds nus dans de vieilles savates, heureuse et frissonnante de la fraîcheur de l'eau, et se *bronchant*, tous les vingt pas, la tête dans ces clairs ruisseaux qui avaient fait dire à l'enfant devant les eaux de la Marne, en arrivant à Paris : « Oh! comme il a dû pleuvoir ici! »

Elle était à la veillée, jouant au *gendarme*, jouant à la *lavette*, sa petite main prête et prompte à arroser de l'eau de la terrine la première qui riait des bêtises que toutes lui criaient au visage.

Elle était en pèlerinage à la Vierge du *Paquis*, disant une neuvaine, le regard sur les flammes des trois bouts de cierges, que les fillettes du village baptisent *Saint-Mort, Saint-Languit, Saint-Revit*.

Elle était assise par terre, dans la grande rue, près des *magniens*, des rétameurs italiens de passage dans la montagne, regardant, dans la journée, avec des yeux ravis, le bel argent que ces hommes noirs mettaient au fond des vieux chaudrons.

Elle était à Noël, emportant dans ses petits bras, qui avaient peine à le porter, emportant son *quenieu*, le gâteau à cinq cornes que donnent ce jour, dans les Vosges, les parrains à leurs filleules.

Elle était par la neige, dans le chemin du *Champ-de-la-Pierre*, se laissant tomber tout de son long sur le dos, les bras en croix, amusée des beaux *bon dieu* qu'elle laissait derrière elle, sur la molle blancheur de la terre.

Dans la grange aux Cornudet, elle était devant *Bamboche* faisant sauter ses marionnettes, se demandant si avec le sou de chiffons qu'elle achèterait à la Christine, lors de la foire prochaine, elle pourrait faire sa poupée aussi *pouponne* que les poupées qui dansaient à la lueur des deux chandelles.

Elle était le jour de la fête du village, avec son bonnet à fleurs, sa petite robe courte, ses souliers décolletés, ses bas blancs à jour, sur lesquels de larges rubans qu'on appelle des *liasses*, — elle se rappelait encore leur nom, — de larges rubans se croisaient et se nouaient dans une coquette rosette. Et toute glorieuse, au milieu du pays rassemblé à la sortie de la messe dans l'ancien cimetière, elle faisait voir ses *liasses*, elle étalait ses grâces enfantines, elle détournait à demi sa figure des baisers qui voulaient embrasser sa jolie enfance, — elle faisait son *petit mignardon*.

LXIV

Parmi le passé de son enfance, dans lequel vivait actuellement tout entière la vie de la détenue, il y avait un souvenir persistant habituel, quotidien : le souvenir du gai printemps de son village. Chez la malade et l'impotente, depuis que la perception des choses présentes devenait de jour en jour plus obtuse, les cerisiers du pays du kirsch fleurissaient au-dessus de sa tête, dans un avril perpétuel.

La prière matinale de la prison trouvait la prisonnière en marche à travers la floraison candide de la contrée où elle avait fait ses premiers pas. Déjà elle courait sur cette terre au vert plein de marguerites, au bleu matutineux du ciel tramé de fils d'argent, au feuillage de fleurs blanches comme de blanches fleurs d'oranger. Elle s'avançait sous ces arbres au milieu desquels le sautillement des oiseaux était tout noir, et qui apparaissaient à la petite fille, en leur virginale frondaison, ainsi qu'un bois d'arbres de la *bonne Vierge*. Elle allait toujours par le paysage lumineux et souriant. Et de toutes les branches de tous les arbres tombait incessamment une pluie de folioles, lentes à tomber, et arrivant à terre avec les balancements d'un vol de papillons, dont elles semblaient des ailes.

A l'heure de midi, couchée à terre sous l'ombre légère des cimes fleurissantes, dans la tiédeur du temps, l'odeur sucrée des fleurs chauffées par le plein soleil, l'effleurement gazouillant des oiseaux, elle demeurait sans bouger, bienheureusement immobile, intérieurement charmée par cette blancheur qui pleuvait continuellement sur elle, chatouillant son visage, son cou, sa nudité d'enfant. Parfois des fleurs voletant au-dessus d'elle, et qu'emportait un souffle de vent à la dérive, ces fleurs avec de gentils ronds de bras et des attirements de mains remuant l'air et faisant de petits tourbillons, elle les ramenait toutes tournoyantes sur son corps, passant ainsi la journée, la journée entière, à se laisser ensevelir sous cette neige fleurie.

Telle était l'illusion de la misérable femme, qu'on la voyait, avec les doigts gourds d'une main presque paralysée, décrire des cercles maladroits dans le vide puant de la Cordonnerie, pour amener la chute, sur elle, des blanches fleurs des cerisiers du val d'Ajol.

LXV

Il y a des années, je passais quelques semaines dans un château des environs de Noirlieu. Un jour de désœuvrement, la société avait la curiosité d'aller visiter la Maison de détention des femmes.

On montait en voiture. C'était, ce jour, un triste et âpre jour d'automne. Sous un ciel gris, plein d'envolées noires, un fleuve pâle se traînait dans une plaine de craie, barrée au ras de terre, par un mur de nuages solides fermant l'horizon avec les concrétions et le bouillonnement figé de masses pierreuses.

Un paysage dont la platitude morne, l'étendue blafarde, la lumière écliptique ressuscitaient comme un morceau de la sombre Gaule, évoquaient sous nos yeux le décor de Champs Catalauniques, ainsi que se les représente, à l'heure des grandes tueries de peuples, l'Imagination moderne.

Au bout d'un temps assez long, dans une froide éclaircie, apparut Noirlieu avec sa double promenade sur les anciens remparts, son cimetière vert dévalant jusqu'au bas de la colline, son rond de danse aux ormes étêtés, le grand mur de sa Maison de détention pour les femmes, flanqué à droite d'une Maison de correction pour les jeunes détenus, flanqué à gauche d'une Maison de fous.

Nous descendions chez le sous-préfet, une connaissance du château. On nous faisait entrer dans un petit salon décoré de lithographies de Félon, encadrées dans du palissandre. Sous un trophée de chasse, surmonté d'un chapeau tyrolien, une romance de Nadaud était posée sur un piano ouvert.

Quelques instants après, arrivait le sous-préfet. Il appartenait à la famille des sous-préfets folâtres.

« C'est commode ici, s'écria-t-il, avec une intonation de comique du Palais-Royal, — tout en laissant tomber une signature sur un papier administratif, — c'est commode, très commode, infiniment commode, la Maison de fous à côté de la Maison de détention, les transferts sont d'une facilité... »

Puis, boutonnant le second bouton d'une paire de gants gris perle, il offrit le bras à une dame, avec la grâce contournée d'un danseur qui a gagné sa sous-préfecture en menant le cotillon à Paris.

La visite de la prison des femmes fut longue, minutieuse, et agréablement égayée par les saillies de l'aimable introducteur.

Nous allions quitter la Maison, quand le directeur insista près du sous-préfet pour nous faire visiter l'infirmerie.

Nous entrâmes dans une salle, où il y avait une douzaine de lits.

« — Quatre pour cent de mortalité, quatre pour cent seulement, oui, messieurs, » répétait derrière nos dos le petit directeur avec une intonation allègre.

Je m'étais arrêté devant un lit, sur lequel une femme était étendue dans une de ces immobilités effrayantes qu'amènent les maladies de la moelle épinière.

Au-dessus de la tête, son numéro d'écrou

était cloué dans le plâtre, au milieu du tortil desséché d'un brin de buis bénit. Près du chevet se tenait debout une fille de salle, une détenue, qui, muette dans sa robe pénitentiaire, semblait le *Silence continu* en faction près de la Mort.

« Celle-là, une condamnée à la peine capitale... la fille Élisa... une affaire d'assassinat qui a fait du bruit dans le temps... » Et la voix musicale et légèrement zézeyante du directeur reprit aussitôt : « — ... Quatre pour cent de mortalité... »

Je regardais attentivement la femme au masque paralysé, aux yeux aveugles, et dont la bouche, seule encore vivante dans sa figure, tendait vers la garde des lèvres enflées de paroles qui avaient à la fois comme envie et peur de sortir.

— Mais, messieurs ! m'écriai-je avec un peu de colère dans la voix, est-ce que, même à l'agonie, vous ne permettez pas à vos prisonnières de parler ?

— Oh ! monsieur... N'est-ce pas, cher directeur, que nous sommes plus *élastiques* que ça ? fit, d'un ton léger, le sous-préfet, qui, s'adressant à la mourante, lui dit : « Parlez, parlez tout à votre aise, brave femme. »

La permission arrivait trop tard. Les sous-préfets n'ont pas le pouvoir de rendre la parole aux morts.

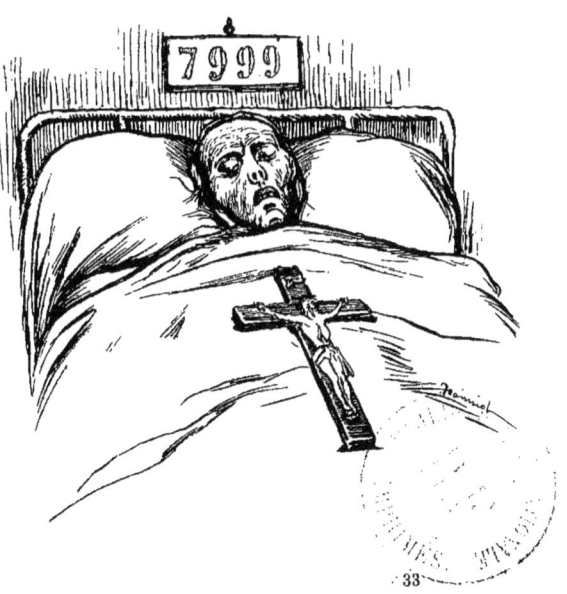

LISTE

DES GRAVURES HORS TEXTE

	Pages.
Portrait de M. Edmond de Goncourt	Titre
La Salle de la Maison de Bourlemont	38
Le Bal du Dimanche conduit par Gros-Sou	54
Le Poulailler	82
La Maison de l'Avenue de Suffren	102
Chez Bélisaire : Au Grand Peuplier	132
Maison Centrale de force et de correctionnelle	154
Le Crime	198
Le Prétoire de Justice	226
Les Vieilles de la Cordonnerie	240

ACHEVÉ D'IMPRIMER

PAR

CHAMEROT ET RENOUARD

A PARIS

Le vingt Février 1895.

Conserver cette couverture

Paris. — Typ. Chamerot et Renouard.